算数少人数教室

―学力回復&向上の指導スキル10か条―

実践者必携ハンドブック

板倉弘幸《著》

学芸みらい社
GAKUGEI MIRAISHA

まえがき

　今年度から、1学年あたりの学級定員が40人から35人に法律によって改定されることになった。ということは、仮にある学年が40人の在籍だとしたら、1学級20人ずつの2クラスになるので、必然的に少人数学級となる。

　本書で取り上げている算数少人数教室は、目的などねらいとするところに異なる点もあるが、少人数教室下での「少人数指導」という点では、先駆けとなる実践になった、と考えている。

　私が初めて執筆した著書は『算数科発問づくり上達法』であった。

　教師となった私が、算数を専門に研究しようと決めたのには理由がある。

　算数科は、子供自身にとっても、保護者にとっても、そして国の教育政策にとっても「特別の重みをもっているのでは？」と考えたからである。

　なぜなら、「話す・聞く」は学校でなくてもある程度の学力を身に付けることができる。

　しかし、算数は自然に身に付く学力とは対極にあると考える。学校教育など、特別なカリキュラムのもとで意図的・計画的に学習しなければ、身に付くことがない学力・能力といえる。

　その結果、「算数ができない＝勉強ができない・頭が良くない」と自他共に誤認するようなことも生じかねない。

　算数ができない、苦手であるという事態は、一番の当事者である子供にとっても、大きなプレッシャーになることは間違いない。

　2001年、文部省の21世紀教育新生プランで提唱された少人数教育が始まってから、学校はそのような子供に対して、何らかの手立てを講じてきた。それらと併せて、本書で提案する実践やスキルも質量共に現場で役立つものとなっている、と思っている。

　本書では、これまでに取り組んできた少人数教室の実践を広く紹介しながら、とくに次のような視点に重点を置きながら提案を試みた。

①通常の学級で「算数嫌い、苦手な子供を何とかしたいのだが……」と思ってはいるが、学力が付かない要因をつい子供に求めてしまう教師に対して、例えば「取り出し指導」など別ルートで指導することで新しい展開が可能になることもある、という提案をした。

②「算数が苦手」を子供のせいにすることなく、分かる・できる方途を学校として保証する一つの手立てとして「少人数教室」を設置する、あるいはその学校の組織運営のノウハウを紹介した。

③子供たちがとくに苦手とする単元、また理解や定着のハードルが高い教材とその指導はどうすればよいのか、をできる限り多くの事例を入れながら、実践に有効なスキルを紹介した。

　本書で提案する実践を通して、算数が分からない子、苦手な子、苦痛に思っている子が、一人でも学級から少なくなることを願いつつ。

　2021年4月

板倉弘幸

目　次

第3章 「子供の感想」から少人数教室を組み立てるポイント

第4章 算数少人数教室・指導の必須スキル

§1 一斉授業における組み立て（発問・作業指示）のポイント

6

8

第5章 **授業では分かっても
テストができない子の要因**

第6章 **デジタル教科書を授業で活用する展開術**

第1章　算数少人数教室って何だ?!

　文部科学省は2025年までに公立小全学年35人学級の「少人数学級」実現を発表した。本書で述べる「少人数教室」とは、「学級」の意味ではなく、少人数指導や習熟度別指導、あるいはTT指導などの算数指導の実践内容を指す。

　本書での「少人数教室」を、次のように定義してみた。

1　算数を苦手とする子を、少ない人数で指導する教室
2　複数の担当者で、個に応じる指導に取り組む教室

　本書で新しい提案ができるか、自分でも再考していた。

　そんなとき、ある提言のおかげで、現在実践している内容・方法はこれからの教育の方向性にもリンクしていることが分かった。

　以下、『総合教育技術』2021年2月号の本田由紀氏と田中博之氏の提言の一部抜粋、要約である。

①　少人数学級を求める署名運動の呼びかけ人の東京大学の本田教授。

　「国立教育政策研究所の研究で、教員1人あたりの児童数を減らす方法は、習熟度別指導やTTよりも少人数学級が学力向上に効果的であること、少人数の方が**机間指導などしやすく、先生の声を聞き取りやすくなる**など、学力向上のプロセスにつながっていることが分かっている」

②　アクティブラーニングや学習評価など幅広い研究をする田中教授。

　「授業のポイント四つとして、**発表の回数を増やす**、記述する課題を増やす、**修正する時間をつくる、習熟度別**に指導を行うこと。また少人数指導の担当は**指導力の高い再任用のベテランや授業スキルをもっている人をあてる**」

　太字の部分は、まさにそのとおりと実感した部分だ。これらは、少人数教室でも実践・実感していることであり、また後述するが、子供たちの感想からもうかがえた内容である。

　これまで、5年間以上担当してきた私の経験知として、現段階で設定する少人数教室の基本原理とは、次の内容である。

> 1　できる・分かるのに時間がかかる子を指導する教室
> 2　考えさせるよりも気付かせることを重視する教室
> 3　解き方やそのポイントを教えて練習する時間を確保する教室
> 4　説明し合う時間より、解き方習熟の練習時間を優先し、
> 　　然る後に説明し合う機会を設ける教室（→まずは基礎学力を）

　以下、本章では、私が実践した次の四つのことについて概要を述べる。
1)　少人数教室で、T1としての一斉授業
2)　少人数教室で、T2としての個別指導
3)　通常の教室で、T2としての個別指導
4)　とくに遅れがちな子への授業時間外での「取り出し指導」

1)　少人数教室での一斉授業—T1の役割は何か
①　教室対象児に対するT1としての心構え
　本校の場合、2学級3コース展開で算数授業を組んでいる。少人数教室の定員を12名程度（各クラス6名）としている。学年や単元によってはプラス1、2名することもある。
　単元ごとのレディネス問題（既習事項の定着を確認する）によって、教室対象児を絞り、その中で個別指導の機会を多く必要とする子を担任が考慮して少人数教室に送り出す。単元ごとに対象児は替わるのだが、多くの単元を苦手とする子もいる。そのような子は少数ではあるが、学力などの個人差は様々であって、決して一様ではない。
　T1担当者は、まずそのことを心すべきである。授業中の個々への対応をおろそかにしてはいけない、という意味である。
　ところが、そのように自覚していた私が、校内事情で2年半ぶりにT1を担当した時に愕然となった。わずか12名の少人数教室なのに、個々の子供たちに目が、意識が向かなかったのである。

②　一斉授業のポイントは、変化のある繰り返しだ
　私の意識はすべて"授業を1時間でどう終わらせるか"にあった。
　毎時間の授業には、本時の目標が設定されている。それを達成するために、事前の教材研究を行い、授業の組み立てを懸命に考えて、授業をした。

　翌日の授業で、昨日、一生懸命教えたつもりの既習内容を尋ねてみると、忘れていて答えられない子が半数以上もいた。子供たちは、理解するのが大変なだけでなく、記憶することも厳しいということを実感した。

　この現実を少しでも改善するために試みた一斉授業のポイントは、

変化のある繰り返し指導で学習内容を定着させる

という、向山型算数の指導原理を取り入れることであった。

　ここでいう、変化のある繰り返し指導とは、子供たちの目線を次の三方向に着目させて、内容理解を繰り返し図ることをいう。

---

① デジタル教科書（TV画面）重視の応答
② 教科書書き込み重視の応答
③ 板書事項重視の応答

　そして、これらから得た情報を、ノートに小刻みにあるいは繰り返し記録していくことで、理解と定着を図るように努めた。

　ただし、この三方向へできるだけ順に向くように意識した。あちらこちらと視線の移動が多くなることは避けるようにした。

2) 少人数教室での個別指導—T2の役割は何か

① T1とT2の違いは何か

　T1のときには、授業を進めることが中心で、子供たち一人一人に対応することは十分ではなかったと思う。

　けれども、T2担当は、授業の流れを考えるよりも、ひたすら目の前にいる個々の子供たちを様々な角度から観察・指導することができた。このT1とT2の役割の違いはとても大きいことを改めて実感した。

　向山洋一氏が算数TTを担当した当時、同様のことを述べている。

『教室ツーウエイ』1995年8月号（要旨・板倉）

「学級担任は、常に全体の授業をすすめながら個別指導するのである。個別指導は付け足しのところがある。しかし、TTで補助に回ると個別指導が自分の仕事になる。そして大発見をする。ものすごく勉強ができない子のほとんどは読解力がないのではなく、作業指示による行動ができないのだ」

②　T2としての役割とは

　全くこの通りであった。授業が始まってすぐに目が行くのは、教科書もノートも開かずに、ただ、ぼーっとしている子の姿そのものであった。「教科書○ページだよ」とささやいて、取り組みを促すという学習以前の問題から個別指導が始まるのが常であった。

　そこで、まずT1とT2担当者の指導面における根本的な違いを意識するようになった。

> 　T1は、授業の流れを常に意識する。授業を時間内に終わるよう進めることに重点がいく。
>
> 　T2は、個々の子供の学習状況を意識する。→どの子も学習に向かっているかにまず着目する。

　そして、教師の話を聞いているか、作業指示通りに進めているか、ノートをきちんと書いているかに、まず気を付けた。

　それらの確認と個別指導を通して、その子が取り組むべきことや学習内容を理解しているかをやっと捉えることができる、というのがT2としての実感であった。

3)　通常の教室での個別指導—T2としての役割とは

　少人数教室のT1担当者や学級担任が不在の時には、通常の教室にT2として個別指導に入ることになる。前半は1組に、後半は2組に入る、というようにである。

　この場合、個別指導は少人数教室の対象児にできるだけ関わるようにした。けれども、机間巡視や指導が少人数教室のように、スムーズにはいかない。座席数が多く、また対象児が離れているからである。

　縦4列、横3列（計12席）の少人数教室なら、後方から2列の間をぐるっと一巡すれば全員のノートの状況がすぐに確認できる。

　通常の教室だとこれができず、対象児全員に机間巡視・指導で関わる時間がどうしても減少する。それでもやはり、T2としての立ち位置はどこが最も適切かを常に意識しながら、個別指導が必要な子を探し出しては、助言や指導をしていくことが基本の動きになる。

4) とくに遅れがちな子への「取り出し指導」

①　少人数指導のよさとそれでも難しさのある実態

　2クラス教室のままで授業を受けるよりも、三コースなどにして、少人数で個別指導を受ける機会を多くする方が、明らかに、子供は分かるようになる。

　自分で分からないところを尋ねたり、教えてもらったりする機会がふえるからだ。指導を受け、その場で「あ、そうか」「できた！」という体験を積み重ねることができる。この小さな成功体験の積み重ねが、少人数教室参加児童には、とても大切で、必要なことである。

　ところが、その場ではできた、分かったと思った学習内容を、次の時間には忘れてしまっている子が多いのも少人数教室の実態である。

　たとえば、面積の公式を作り出す授業がある。

　平行四辺形を等積変形して、既習の長方形の面積の求め方に帰着させ「底辺×高さ」の公式を導く授業を、方眼用紙やデジタル教科書などを駆使して、分かりやすく展開する。そして、簡単な練習問題を解いて、公式を定着させる。

　次の日の算数授業で、前時の確認をちょっとしてみると「底辺」「高さ」の用語が出てこないのである。それで、教科書やノート、教室壁面の学習用語掲示物などで再確認し、次の学習を始める。

　そのような経験を何十回もした。

　これは、少人数教室に限ったことではないだろうが、ともあれ、こうした子供たちの学習状況を変容させるには何が必要か。

　「対象児童への学習時間の追加投入」 しかない、と実感している。

②　大きな変容を遂げた子供の要因

　3年生の少人数教室対象児がいた。授業を開始しても、机上には何も出ていない。ぼーっとしているだけ。促されてやっと教科書やノートを開く。問題を解き始めても集中せずに、まわりをきょろきょろするだけ。とにかく、傍らにいて個別指導しないと進まない、という状況の子である。取り出し指導も行ったことがある。

　その子が今年度5年生になり、2学期の分数単元で少人数教室に参加、

その後は対象児として来ることはなくなった。

　通常の教室で、T2として入ったときに見かけたが、明らかに3年のときと180度違っていた。それは驚くばかりである。話をよく聞き、ノートも記録し、解いている。私と同じくT2をしている同僚も、その変わりように驚いていた。

　その子の大きな変容は、私はおそらく塾が要因ではないかと思った。あるとき、本人に尋ねると案の定4年から週2回通っているとのこと。

　通塾日以外でも家で勉強するようになった、と話してくれた。やはり、時間の投入がその子の学習・学力状況を変化させたことは間違いない。

　そのような事実は、少人数教室でも起こっていた。

　授業時間だけでは不十分ならば、もっと時間をかける必要がある。そこで、授業時間以外での取り出し指導を活用することにした。

③　取り出し指導の実際─4種類ごとのポイント

　私がこれまでに行った取り出し指導には、4種類ある。

　授業時間内と以外とに大別してみる。

　そのなかで可能な取り出し指導の内容は、次のようになる。

〈授業時間内の随時〉

　　a　少人数教室後方に置いてある、T2の学習テーブルで指導

　　b　学年教室のオープンスペースに置かれている学習テーブルで指導

〈授業時間以外15〜20分程度〉

　　c　給食準備中に、少人数教室で個別指導や確認テストなどを行う

　　d　休み時間（朝、中、昼のどれか）や放課後、少人数教室で指導

　現在少人数教室で実施しているのは、このうちcの方法である。

　aは、前時に欠席した子や相当遅れがちな子を対象にするが、回数は少ない。

　bは、主に低学年を担任していた時に活用した。

　dは、子供たちの自由時間を奪うことになるので、今はほとんどしない。

　結局、cの給食準備中の15〜20分が、子供や担当者も無理がなく、また担任からの協力も得やすいので採用している。

第2章　学期ごとに取り出し指導する「単元」を特定する

　2020年度、四つの学年の少人数教室のT2を担当した。

　子供たちが教科書問題を解いている間に、私は机間巡視・指導を行った。12名のうち半分ほどの子は、九九が定着していない状況である。

　どの学年もこのような状況が続くため、取り出し指導の必要性を感じるようになる。そこで1学期は、授業で扱う単元内容のほかに、何よりも九九の定着にも努めるようにした。

　さらに九九と同様目立つつまずきが、くり下がりとわり算であった。

　そこで、各学年とも相談し、取り出し指導の協力をお願いした。

　取り出し指導の内容は、次の三つを学期ごとに行うように計画した。

1学期は「かけ算九九」（3・4年生対象で3年中心）

2学期は「くり下がりのあるひき算」（3・4年生対象）

3学期は「÷2桁のわり算」（4年生対象）

　本章では、取り出し指導について、次の内容を述べていく。

1）取り出し指導の効果と実績
2）取り出し対象児抽出調査のテストと内容
　①かけ算九九　②ひき算の筆算
3）指導上でとくに考慮すべきことは何か

　小学校の算数基礎学力の基本は、四則計算である。

　向山氏は『向山の教師修業十年』（学芸みらい教育新書）の学級経営案に、すべての子供に保障する基礎学力として、22項目を掲げた。

　算数の最初の項目は、次の通りである。

整数の四則計算ができる

　算数教育のいの一番に、向山氏は整数の四則計算を選択した。

　四則計算のわり算には、九九やくり下がりなどの計算がすべて含まれている。つまり、わり算の筆算が完璧にできるようになれば、整数の四則計

算は合格といっても過言ではない。

1）取り出し指導の効果と実績（いずれも2019年実施分）

　指導の効果については、実態調査で使用した問題を、指導終了後に再テストすることで測定している。

　以下、かけ算九九（2年単元）、ひき算の筆算（3年単元）、わり算の筆算（4年単元）の実態調査時と再テストの結果を表にしたものである。

◆かけ算九九の変容

〈取り出し対象児19人の4月と7月の変容〉

かけ算九九100問（ランダム）を5分間で解答するテスト

3年19人	解答数（1人平均）	正答数	平均点	誤答数
4月	982（51.6問）	935	49.2	47
7月	1261（66.3問）	1209	63.6	52

　取り出し指導は5月連休後から1か月以上にわたって実施した。

　なお、学年全体の結果は次の通りである。

- **・1人あたりの平均解答数4月84.7問→7月87.8問**
- **・正答数の平均点は、4月83点→7月は86.2点**

　学年全体でも、解答数・正答数の平均はいずれも伸びを見せた。この伸びがどこに起因するのかを調べた。対象児でない児童の数値を見ると、

　・取り出し対象でない児童の数値

　　解答数平均　4月（5850 − 982）÷50人 = 97.3

　　　　　　　→7月（5800 − 1261）÷47人 = 96.5

　　正答数平均　4月（5729 − 935）÷50 = 95.8

　　　　　　　→7月（5695 − 1209）÷47 = 95.4

　このことから、前述の「学年全体の結果」は取り出し対象児童の向上が反映されたものであることが分かる。

◆ひき算の筆算の変容

　3年の筆算問題の11問を5分間で実施。問題例は以下の通り。

（315 − 194、402 − 175、801 − 3、3005 − 297等）

	10月25日	12月18日
3学年平均正答率	74.3%	85.4%

取り出し対象児 平均正答率	29% （正答数48／全問数165）	68.5% （正答数106／全問数154）

11月半ば～12月半ばの1か月間子供たちとともに取り組んだ。早い子は11月27日に合格。17人全員が終了したのは12月13日だった。

◆わり算の筆算の変容

わり算の単元テストの計算問題を利用して作成した問題10問。

（横式510÷80、筆算62÷31、690÷42、605÷186、8400÷700等）

12月調査結果から学年18名を選び、3学期の1月半ばから2月半ばまで、取り出し指導を実施した。指導を終了し、2月12日に12月と同じ問題で再調査。その結果が、次の通りである。

※学年人数の異なりは、転出と欠席による。

4学年	12/11（平均点）	2/12（平均点）	伸び率
学年全体66（12月）64（2月）	4490点（68.0）	4820点（75.3）	1.10
対象児18名	530点（29.4）	1050点（58.3）	1.98
対象外48（12月）46（2月）	3960点（82.5）	3770点（81.9）	0.99

九九やひき算、わり算のいずれも学年全体の平均点を引き上げたのは、取り出し対象児であったことが読み取れた。2018年度から始めたが、毎年、同様の結果を得ている。

算数ができないと自信を失いがちな子供たちに「すごいね、こんなにできるようになったよ」と大いにほめ、やればできるんだという自信につなげることができるのが、取り出し指導の良さといえる。

また、学習時間を少しでも多く投入することの必要性を教えてくれる。

2）取り出し対象児抽出調査のテストと内容

学級や学年の実態を把握することにより、これからの指導が見えてくる。そのための実態調査である。

学級担任時代よりも、算数少人数教室を担当してからの方が、そのことを強く意識するようになった。

① かけ算九九の調査と指導

かけ算九九の問題は市販のものを使い、ひき算は教科書問題から作成し

た。市販ものは多様にあるが、現在は左のものを活用している。

　また、台東区立根岸小学校在勤時の校長小島宏氏からいただいたかけ算九九シートも参考になる。

かけ算九九テスト　なまえ（　　　　　　　）			
①8×9=	㉖6×6=	㊶3×9=	㊽3×1=
②0×8=	㉗6×7=	㊷4×4=	㊾9×2=
③2×0=	㉘9×3=	㊸7×8=	㊿9×8=
④3×3=	㉙6×5=	㊹6×4=	㊳3×4=
⑤6×0=	㉚8×3=	㊺5×9=	㊴4×7=
⑥5×2=	㉛7×2=	㊻9×0=	㊵9×7=
⑦5×1=	㉜7×4=	㊼7×0=	㊶7×6=
⑧8×5=	㉝9×4=	㊽2×1=	㊷5×4=
⑨1×0=	㉞7×5=	㊾1×3=	㊸9×9=
⑩0×6=	㉟0×7=	㊿2×7=	㊹8×4=
⑪1×1=	㊱9×6=	㊱7×9=	㊺1×4=
⑫4×3=	㊲5×0=	㊲3×8=	㊻8×8=
⑬1×9=	㊳0×3=	㊳9×5=	㊼1×8=
⑭2×5=	㊴4×9=	㊴6×2=	㊽1×5=
		㊵3×5=	㊾8×1=

100枚綴シートになっていて、シートごとに問題配列が異なる。

このアメリカのシートは右辺に□を置き、正しい等式を示している。

ただ、□がやや狭く、答えを書きづらそうにしていた子もいた。

〈指導の実際〉

○　実態調査

　1学期のはじめは3年から6年の全児童を対象に、前掲のかけ算九九テスト（100問・5分）を実施し、各学年の実態を調べた。

　担任に協力してもらい、5分間と時間を打ち切って実施。電子黒板を使えば、時間も掲示すると、何分で解けたか時間も測定できる。採点はこちらで行い、九九表の枠を使って、集計した誤答を書き込んだ。

○　練習の様子

　前述のように4月の調査結果を基に19名の取り出し対象児童を決めて、給食準備中に九九の確認テストを行った。

　5月連休後から少人数教室で確認テストを始めていった。

　1の段～9の段の九九が書かれている九九表カード（読み方も表示）を見ないで担当者の前で言わせる。自分で好きな段から挑戦してよい。

以下、誤答の集計表（2018年少人数教室児の実態）。

九九表誤答集計 （少人数教室児 3～6年の48名の実態）

のべ誤答数
3年—39
4年—31
5年—12
6年—12

要注意 九九のだん

×	1	2	3	4	5	6	7	8	9	0	
1 ④	誤答計 1←				9			1		1	2018
2 ④			9			12	88			48	5月
3 ⑪				35	30 24	12 27 28 24		24 21 54		3	23日（
4 ⑧	1			28 12		0 12 12	24	56			分
5 ③							30			5	秒
6 ⑮		27		49 12		37	45 49 27 48 72 49	35 49 42 40		6	
7 ⑱		17	24 28	24 24 32	30		49 12 48 72 49 54	32 36 36 64 36			
8 ⑱	1	18 14	40 21 21	24 24 30		42 49 64	49 54 27	64	48		□×6
9 ⑨		24 12	63			56 35 56	68 40 42				□×7
0 ④			3		6	7	8				□×8
	②	④	⑩↓	⑪	③	⑮	㉒	⑫	⑨	⑥	に要注意

　1～9の段それぞれを上り九九とランダム九九がすらすらと答えられれば合格とした。合格した子にはその段に日付を書いておく。

　すらすらいかない場合どの九九で止まってしまうか、または間違えたか、その九九表カードにレ点を付けておき、次回気を付けさせる。担当者もその九九に注意することができる。

　九九の口頭練習は家庭中心のため、家で練習しない子は進まない。そこで、誰かがテストを受けている間、少人数教室で練習をさせた。

○　確認の再テスト

　すべての段を合格すると、前掲の再テストを行う。100問をノーミスなら合格。事情により95点以上ならば合格といった配慮もする。

　一番早く合格した子は5月28日。最も遅い子で6月28日であった。

　さらに7月、3学年全体で再テストした結果、取り出し対象児は4月は1人平均51.6問だったのが、7月には66.3問と向上した。

　詳しく言うと、正答数が増えた児童は19名中16名。

　正答数が下がってしまった子が3名いたが、3名とも誤答数は4月に比べ1／3に減っていた。これも一つの伸びの証といえる。

②　ひき算筆算の調査と指導

　1年から3年のくり下がり計算の教科書例題や問題の中から、全部の型が網羅されるように3種類の問題を作成した。

　A　全25問（10－4など補数問題が5問、11－6など－1位数が20問）

　B　全12問筆算問題（45－18、105－8、594－68など）

　C　全11問3年筆算問題（315－194、402－175、801－3、3005－297など）

　Aは1年教科書、Bは2年教科書、Cは3年教科書の問題で構成。

　問題用紙はAとBを1枚37問構成にして、時間は5分間で実施。

　Cの問題内容は3年の筆算問題11問で時間は5分。

　この2枚の調査問題用紙で3・4年生を対象に実施した。

※下記の表は、3学年の平均点と誤答例。

　なお4学年のABC平均点は、96.6、89.4、88.7だった。

3年	平均点	補助数字なし	誤答が多かった問題と誤答例
60名	A　97.4 B　80.5		17－8＝7　11－6＝4　13－7＝5 13－4＝8
60名	C　74.3	A～C全く記入なし 13人（21％）	3005－297＝2708（708、2608、2808、1718、8）、300－292＝8（108、18、408）、801－3＝798（898、98、808）

※補助数字　→くり下がりのときに便宜的に記入する10や9などの数。

　つまり補助数字を記入する子が約8割いる、ということである。

〈指導の実際〉

　2枚の調査問題の結果から、取り出し指導対象の3年生17名と4年生4名を選び、11月中給食準備の時間を使って指導してきた。

▼練習問題用紙の作成

　前掲のABC問題群を、計算の型をもとに(1)～(7)の七つに型分けした練習問題用紙（例　(1)は10の補数問題）を2枚作成（次頁）し、それを順次10のステップとして取り組ませた。

　A問題：(1)補数問題、(2)、(3)の三種に型分けし、一種類ずつ解いていく。

どれも合格したらテストA問題全部に挑戦。

　B問題：(4)、(5)の二種類に型分け、どれも合格したらテストBに挑戦。

　C問題：(6)、(7)の二種類に型分け、どれも合格したらテストCに挑戦。

　つまり(1)〜(7)、ABCの三つのテスト問題と合計10のステップに挑戦することになる。

　ミスが多い場合は、同じ問題用紙を繰り返し挑戦させた。

　11月半ば〜12月半ばの1か月間子供たちとともに取り組んだ。早い子は11月27日に合格。17人全員が終了したのは12月13日だった。

　さらにこの1か月の取り出し指導の成果をみるために、再度Cの問題だけ学年全体で再調査した。その結果が本章の「1）取り出し指導の効果と実績」に掲げた表である。

◆A問題 (1) (2) (3)

ひき算 (1)		**ひき算 (2)**		
①10－4 ＝	⑭15－6 ＝	45	40	45
②10－5 ＝	⑮18－9 ＝	－ 18	－ 18	－ 37
③10－8 ＝	⑯14－5 ＝			
④10－7 ＝	⑰12－6 ＝			
⑤10－1 ＝	⑱16－8 ＝	**ひき算 (3)**		
⑥11－6 ＝	⑲12－5 ＝	129	109	146
⑦13－7 ＝	⑳15－8 ＝	－ 53	－ 72	－ 89
⑧17－8 ＝	㉑11－3 ＝			
⑨13－5 ＝	㉒17－9 ＝			
⑩14－6 ＝	㉓14－7 ＝	102	105	
⑪14－9 ＝	㉔11－4 ＝	－ 65	－ 8	
⑫13－4 ＝	㉕11－2 ＝			
⑬11－8 ＝				

◆B問題 (4) (5)

ひき算 (4)		**ひき算 (5)**	
594	735	315	693
－ 68	－ 26	－194	－365
345	612	710	734
－ 7	－ 4	－ 5	－258

◆C問題 (6) (7)

ひき算（6）			ひき算（7）	
402 － 175	702 － 644	300 － 292	1000 － 521	3005 － 297
503 － 76	801 － 3			

3）指導上でとくに考慮すべきことは何か

①　取り出し指導の効果はステップの細かさに比例する

　向山氏の「授業の原則、第六条　細分化の原則」である。

　かけ算九九、ひき算、わり算の三つの効果を比べ、変容の大きな順にいうと、ひき算→わり算→九九の順になる。

　取り出し指導の細かさが、変容の大きさに比例している。

　大きな変容のひき算指導では、10ステップの練習に取り組ませた。

　わり算では6枚の練習問題、そして、九九は九九表でというように。

　対象児のつまずきが大きな単元ほど、私たちもそれに対応するかのように細かな準備していたことに気付いた。大きなつまずきであっても、指導内容を細分化していくことで対応できることを実感した。

②　2020年度のかけ算九九は、3密を避ける工夫を試みる

　2018年、2019年は前述のように担当者の目の前で口頭試問のように実施していたが、2020年度はコロナ禍の影響で3密対応の方法を試みた。

　一斉休校が明けてから、6月に急いで調査を行った。その結果、4年生は7名、3年生は8名を対象児とした。2020年度は3密回避のために、1の段から9の段と0の段をランダムに並べた九九問題を作成し、そのプリントを1枚ずつ進めていくようにした。

　全部で5枚に収まるように次のように二つの段を組み合わせた。少人数教室のもう1人のT2担当鈴木晴美氏が作成した。

> No1：1・2の段それぞれ10問　　No2：0・5の段それぞれ10問
> No3：3・4の段それぞれ10問　　No4：6・7の段それぞれ10問
> No5：8・9の段それぞれ10問

　No1から始め、満点を取ったら次の問題に進む。5枚全部合格したら、実態調査用問題に再度挑戦させた。時間の目安は5分間にしたが、九九暗唱のように練習時間がとれないので、あくまでも目安として全問正解を目指した。4年生は2週間で全員が終了した。

　4年生は昨年度（つまり3年生時）の対象児童が19名なので、2020年度の成長ぶりを実感した。

③　誤答分析をもとに、つまずきやミスに対応する

〈かけ算の誤答分析と対策〉

　かけ算九九は、6・7・8・9の段に誤答が多くなるが、このような誤答傾向は、昔からあった。

　旧文部省の実験学校千葉市検見川小の結果（『算数指導実例講座』S35）、日本標準編『計算・文章題全国学力調査の分析と指導の研究』S55、ベネッセ教育総合研究所「小学生の計算力に関する実態調査2007」などがあり、どれも同様の結果であった。

　また九九を唱える際に、聞き間違い、言い間違いでのミスがある。例えば、$3 \times 9 = 21$は、シチとイチの聞き違いで覚えてしまっているとか、7×9（シチク）をシクとするこうした例は非常に多い。覚えるときには言葉の発音もはっきりと言わせて暗唱させることが大切である。

　単なる勘違いミス……$7 \times 9 = 63$を36と逆に答えを書いてしまう。7×8と8×7の九九を1組セットでのミスもみられた。

　暗唱でも筆記でも、どちらも正確にするためには、確認が必要である。

〈ひき算の誤答分析と対策〉

　前掲のC問題で誤答の多い問題は、次の順である。

　　イ　$3005 - 297 = 2708$　……14人誤答、その半数が708

　　ロ　$300 - 292 = 8$　　　……8人

　　ハ　$801 - 3 = 798$、$734 - 258 = 476$　……いずれも5人

　イは、くり下がりはできていたのに、千の位の2を単純に書き忘れてしまった。ロ「$300 - 292 = 8$」も同様で、誤答の108は300の3を2にしない

で3のままで減数の200をひいたために100が残ってしまった。補助数字のある子、無い子ともに同じミスをしている。

　いずれの問題も数値に0が含まれるが、くり下がりのミスが多くなることが分かる。いかにそれを減らすかが、今後の課題である。

　例えば106－8とか、空位のある3桁の数から1桁を引く問題をたくさんこなし、そのあと引く2桁を練習するといったステップが必要かもしれない。また、せっかく書いた補助数字が雑なため、かえって計算間違いをする例もある。数字は丁寧に書かせ、いずれは補助数字を書かなくても念頭で計算できるようにすることが大切である。

④　励まし、ほめ続けることが、取り組みの原動力になる

「すごい、できた、やったね、オーケー、惜しい、あと少し」

　初孫に話しかけるように語る自分に可笑しくなってしまった。何度説明してもミスする子に、こちらも苛立ってしまい、つい声を荒らげてしまうこともあったが、今はそれが皆無である。

　どんなにその子が間違えても、分からないでいても、「そうか、そう考えてしまったんだね」と共感の言葉が自然と出てくる。もちろん意識的なこともあるが、とにかく、励まそうという気持ちが一層強まった。

　また「出来たこと」だけでなく、「したこと」についてもほめ続けるようにした。直線を定規で引けば、「まっすぐで、きれい！」と、端的な言葉を心がけた。「字がきれいだね」とほめられたことを、教室に戻り担任に報告した子もいた。

　限られた15～20分の時間を、1人も漏れなく、集中し熱心に取り組んでいる。お腹も空いているはずだが「もう少しやってもいいですか」と、こちらが心配するほど意欲を見せてくれるのが、嬉しい。

第3章　「子供の感想」から　少人数教室を組み立てるポイント

　少人数学級の長所として「机間指導がしやすい」「先生の声が聞き取りやすい」、さらに授業のポイントとして「発表の回数を増やす」という研究者の最近の提言を知り得た（第1章の冒頭部を参照）。

　私もこの識者の提言には賛同するところがある。子供たちの少人数教室についてのアンケートから、提言と同様の声を得たからである。

1）　三つの学年にアンケートをとる

　少人数教室は、算数が苦手な子供にとってどんなところなのか。

　2020年度2学期途中、T1での授業を始めてから1か月後、子供たちにアンケートをとってみた。

　2か月半の臨時の期間と、子供との接触も少人数教室でしかないため、自由記述の作文形式よりも、5分間という短時間で書けるアンケート方式にした。短時間なだけに、かえって子供たちも直観的にすぐ思い付いたことを書いているかもしれない。

　項目は以下の通りで、4番目に自由記述欄も設けた。

1　さんさん教室のよいところ、こうしてほしいところ
2　担当の先生の授業の進め方・教え方のよいところ、こうしてほしいところ
3　ペアの先生の補助（手だすけ）の仕方のよいところ、こうしてほしいところ
4　その他、自由に書いてください

　以下、4年〜6年の47名の感想を集約する。

　2020年11月6日、各学年の授業時間の最後の5分間で実施。

　※「さんさん教室」とは、少人数教室の名称。

　▲はマイナス意見を意味する。

4年生のアンケート（11名）

1　さんさん教室のよいところ、こうしてほしいところ

1　授業が分かりやすい。（※以下、同様の感想は省いた。）

2　消しゴムのカスとか下に落としていたけど、ちゃんとゴミ箱にすてる習慣がついた。

3　みんなにきちんと教えてくれる。とても勉強になるところ。

4　すごく楽しいし、勉強が分かりやすい。有馬先生、板倉先生、鈴木先生、サンサンのみんなと勉強するのがすごく楽しいです。

5　分かりやすい。授業がさくさく進む。

〈実際のアンケート例〉

さんさん教室の感想　　　　　　　　　　11月　6日

年（　　　　　　　　　　）

1　さんさん教室のよいところ、こうしてほしいところ
かべに算数のやりかたやこう式がかいてあるからとてもやりやすいしいつでもおもいだせる。

2　担当の先生の授業の進め方・教え方のよいところ、こうしてほしいところ
わかりやすいようにいっしょにやり進めてくれることなっとくするまでやり方を教えてくれるところ

てをあげなくてもあててみんなをびょうどうにはっぴょうしているからわかるようになる

3　ペアの先生の補助（手だすけ）の仕方のよいところ、こうしてほしいところ
わからないときこまっているときに問題のヒントややり方を教えてくれてわからないをわかるにしてくれるとこ

2　先生の授業の進め方・教え方のよいところ、こうしてほしいところ

6　細かいところを書いてみんなに教えてくれる。▲でもとても怖い。でもみんなに伝えたいんだなと思う。

7　進め方は分かりやすくて聞きやすい。
　　▲もう少し黒板に書いてほしい。

8　分からないところがあると「こうだよ」と教えてくれる。問題が間違っているとき、ヒントを教えてくれる。

▲9　分からないときに手を上げたら来てほしい。

5年生のアンケート（21名）

1　さんさん教室のよいところ、こうしてほしいところ

1　分からないところがあったら、初めからていねいに教えてくれる。

2　ゆっくりとみんなが分かるように進めてくれる。

3　間違えをみんなで考えられる。

4　少人数なのが良い、静か。

5　個人に先生が対応できる。

6　パソコンを使用して（デジタル教科書）学習をするので分かりやすい。

7　ゆっくり授業を教えてくれるところ。

8　教室の右側に、前に習ったことが書いてある掲示物がいい。

▲9　ゆっくりすぎる。

10　人数が少ないから発表できる回数が多くて、問題などが分かりやすい。

11　人が少なくて落ち着く、やりやすい。

2　先生の授業の進め方・教え方のよいところ、こうしてほしいところ

12　説明が上手。文章を多く使ってほしい（黒板にもっと文章を書いて）。

13　一人一人を授業であててくれて（指名）、ちゃんと授業時間ぴったりに終わらせてくれること。

14　分かりやすい。▲もう少しペースを早くしてほしい。

15　やさしく教えてくれる、見やすいように黒板にかいてくれる。

16　復習があり、ゆっくりていねいに教えてくれる。

17　ていねい。▲もう少し説明して教えてほしい。

▲18　テレビを使うのはやめてほしい（デジタル教科書のこと）。

19　簡単な方法などゆっくり話してくれる。

6年生のアンケート（15名）

1　さんさん教室のよいところ、こうしてほしいところ

1　掲示板にポスター（学習の）が貼ってある。

2　詳しく優しく教えてくれる。

3　人数が少なくて声が響いて聞きやすい。

4　掲示物にやり方や公式があり、いつでも思い出せる。

5　分からないところとかしっかり教えてくれて分かるようになった。

6　素早く分かりやすく進めてくれる。あっという間に終わるから楽しい。

2　**先生の授業の進め方・教え方のよいところ、こうしてほしいところ**

7　習ったところのおさらいをしてくれる。

8　みんなにいろんなことを質問しているからみんな覚えやすい。

9　授業に関しては普通に良いと思う。(スキルでやり残しが出ないように) 授業の最後にスキルをやらせてもらえる。

10　声が大きくて聞きやすい。

11　図とかかいてくれるので分かりやすい。

▲12　黒板を消すとき、ひと声かけてほしい。

13　分かりやすいようにいっしょにやり進めてくれるところ。納得するまでやり方を教えてくれる。手を挙げなくても当ててみんなを平等に発表させているから分かるようになる。

14　ゆっくり説明してくれて、間違えたらやさしく教えてくれる。

15　細かく黒板に書いてくれるから分かりやすい。

16　素早く進めてる。何事にも教え方がうまい。やさしく教えてくれる。

17　教え方が簡単で覚えやすい。

　また、アンケートの項目3については、書かれている内容は、どの子もほとんど同じであった。

> ア　分からないと、すぐに来て教えてくれる。優しく教えてくれる。
> イ　教え方が分かりやすい。
> ウ　紙に書いてくれる、図にかいて教えてくれる。

　なお、4の自由記述欄は、5分という制約があったためか、書く子はほとんどいなかった。4年生2名が「もう少し計算スキルをやってほしい」「さんさんはすごく楽しい」と書いていたのみである。

2)　見えてきたこと

　子供たちの声で圧倒的に多いのは「分かりやすい」ということだ。

　47名中34名、少人数教室に来る7割の子供たちが「分かりやすい」と書いていた。しかも4年、5年、6年どの学年も7割を超えていた。

　「分かりやすい」理由の記述は少ないが、理由に相当するところを敢えて挙げてみる。

4年生の理由

授業がさくさく進む、授業の進め方が（分かりやすい）。

5年生の理由

ゆっくりとみんなが分かるように、パソコンを使用して（デジタル教科書）学習をするので、教室の右側（単元のポイントを示す掲示物）、人数が少ないから発表できる回数が多い、問題などが分かりやすい、分からないところがあったら教えてくれる、ゆっくり進む。

6年生の理由

少人数だから、習ったところのおさらいをしてくれる、黒板に図とかかいてくれる、一緒にやり進めてくれる。

このような子供たちの感想と、久しぶりに担当したT1としての授業実感から「分かりやすさ」の意味を考察してみる。

①　第一の要因は「少人数」の教室であること

学習内容がよく分かるというよりも、授業中の声がよく聞こえる、ということではないだろうか。6年の児童が「人数が少なくて声が響いて聞きやすい」と書いた。これまで私は一度も考えたことがない気付きだ。

確かに、12名〜14名ほどの人数であり、皆一生懸命に説明を聞こうと、集中する姿が見られる。そのため、声を張り上げなくても静かな声で教室の空間に響くように感じているのだ。

また人数が少ないために、余計な刺激も少ない。特別支援教育の配慮事項として、前面の掲示物はなくすことが大切と言われているのと同じである。人数が少ないことで視覚や聴覚刺激を穏やかにしてくれ、落ち着いてできる。子供たちにとっては、この状況下にあるだけで、何となく分かったような気がするに違いない。

②　授業はゆっくりだがテンポのよいペース

ゆっくり進めてくれると評価する児童が何人もいた。反面「授業がさくさく進む」（4年）「素早く分かりやすく進めてくれる。あっという間に終わっているから楽しい」（6年）という声もある。

この感想は、私自身が授業の展開・順序にメリハリを付けるよう心がけていることも一つの要因かと思われる。

同じ授業を受けていても、ある子はゆっくり進めてくれると感じ、ある

子はさっさと進めてくれていると感じているのだ。

もっとも「ゆっくりすぎる」「もう少しペースを早くしてほしい」（5年）という声もある。少人数でも受け止め方や学習能力には個人差があり、そのためにもT2の存在が必須と考える。

③ 指導内容の順序

子供たちの視線の移動を考慮した。机上の教科書やノート、目の前の黒板、そして黒板左横に設置された電子黒板（TV画面）がある。

授業中、子供たちの視線はこの三つをあちらこちら行ったり来たりする。それでは分かりやすい授業展開にならない。「パソコンを使用するから」分かりやすい、と書いた子がいたが、具体的に言うと、視線の移動をできるだけ避けるように進めていたからではないか。

まず、授業導入時は教科書内容を電子黒板に提示して、全員の視線を集中させた。黒板に問題などを書いていると子供たちの集中度が分からない。しかし、画面にぱっと示すだけで、全員の視線がすぐ分かる。

他を向いていれば「○○さん」とか「画面に注目」とか言えば顔がそちらに向く。このようにしてしばらく、画面で展開して、集中させる。

次に黒板と教科書への作業に移り、そしてノートへの記述と繰り返すのである。実はここに向山型算数の重要な技「変化のある繰り返し」が含まれている。

また「たしかめよう」の練習頁がある。大きく分けて前半が計算練習10問、後半が文章題3問あるとする。ふつうはそのままの順で扱うが、私は先に文章題を一斉指導で、その後、計算問題を個別学習で扱うことが多かった。苦手な子は、文章問題は皆と一緒に進めたほうが分かりやすいのである。計算問題は各自のペースに任せて、途中点検をしながら進めていく。効率的にもよい塩梅であった。

④ 板書を見やすくする

板書は大きめの字で書く。中央よりやや左から書き始め、右の最後で終わるように心がけていた。何よりも苦手な子にとっては、板書が頼りだからである。考えたり、考えを書いたり、計算したりするのに時間がかかる子は、他の子たちと同じような速さでノートに書くことは困難である。そのような場合には、とにかく板書を写しておきなさい、と呼びかけるしかない。

※日付、教科書頁、計算スキル頁を子供たちが入室する前に黒板上に板書。
子供はノート頁最上部にこれを記録し、前時の復習をしながら待つ。

⑤　全員に発言をさせる

全員発言が直接分かりやすさと結び付くわけではないが、子供たちのなかにはそのように感じる子もいる。

・発表できる回数が多くて問題が分かりやすい。(5年)
・手を挙げなくても当ててみんなを平等に発表させているから分かるようになる。(6年)

発言することによって分かったような気持ちになるのかもしれない。通常の教室では、埋没して黙って聞いているだけ、時間が過ぎるのをじっと待っているだけの子が少人数教室にやって来る場合が多い。

そのような子たちに意欲と自信をもたせるために、発言をさせる機会を意図的につくるようにした。座席表に基づいての指名発言、座席の順にする席順発言、また発言の替りに問題の立式や答えを黒板に書かせたり説明させたり、電子黒板の□に数値や言葉を書き込みさせたりすることで、子供たち全員に何らかの活躍の場をもたせるようにした。そうしたことが少しずつ自信となり、分かるようになった気にさせているのかもしれない。

3)「分かりやすい」と言われる少人数教室の原則試案

以上、五つの観点から、私なりに少人数教室の原則をつくってみた。

---

① はっきりと聞こえる声で授業を進める。
② 授業をゆっくり展開しても、緩急をつけてテンポよく進める。
③ 電子黒板、板書、教科書・ノートの活用は、変化のある繰り返しを意識して行う。
④ 算数が苦手な子でも黒板を写すことで、学習の痕跡を残せるような板書を心がける。
⑤ 全員に発言・説明・板書など活躍の機会を与える。

この5項目にまず意図的計画的に取り組み、その上で反省と考察を加え、さらなる改善を重ねていく。

そのことを通して、算数が苦手な子供たちに学習意欲と自信をもたせていくことができると考える。

第4章　算数少人数教室・指導の必須スキル

　本章では、T1・T2指導に必要なスキルについて述べる。

> 1　T1としての役割と主な内容
> 2　T2としての具体的な仕事とスキル
> 3　担任との連携と少人数教室の環境づくり

　T1は一斉授業を組み立てる役割がある。さらに机間巡視を通して、教室全体の傾向をつかみ、次の授業に反映させなければならない。

　一斉授業を組み立てる際、指導案・略案や座席表などが必要になる。

・T1は学習内容を習熟定着させるために、計算スキルなどの副教材を活用する。それらをどのような基準で選ぶのが望ましいのか ―その視点をご紹介した。

・T2は、個別指導が主な役割となる。個別指導でもとくに重要な務めが机間巡視と机間指導である。

　その机間巡視・指導での主要な仕事はノート点検を通しての個別指導である。

　さらに、子供たちへの働きかけの際には、ほめたり励ましたりすることが大切である。

　また、校内において、少人数教室が効果的を発揮するためには、学年との連携や環境づくりも大切な要素だと再確認しておきたい。

§1 一斉授業における組み立て （発問・作業指示）のポイント

授業組み立てポイント　10項目

1　用語の使用は教科書を基準にする
2　教科書に沿った課題を扱う
3　課題提示は省略形にする
4　指導内容の組み立ては順序に気を付ける
5　対応と比較で気付かせる
6　イメージでなく具体で理解に迫る
7　子供に板書させたら、全員を注視させる
8　板書は二通りの方法を試みる（教師と子供）
9　発言は待たずに、席順でどんどん言わせて安定させる
10　要配慮児童に活躍させる

以下、主な内容について概要を述べる。

1　用語の使用は教科書を基準にする

　4年小数のたし算ひき算の問題で、4 + 9.96を筆算で書くときに、かけ算の筆算のように末尾をそろえて書いてしまう子が多い。なぜそうなるのか、よく分からなかったが、担任の指導言を聞いていて、おやっと思うことがあった。

　小数同士の筆算を書くときに「小数点をそろえて書きます」と言うことがある。小数点が目印となり、必然的に位をそろえることになるからであろう。

　しかし、これだけで押し通すと整数＋小数の計算のときに困ることになる。整数には小数点が見えないため、何となく後ろでそろえてしまったりする。少人数教室に来る子はその傾向が特に強く感じられた。

　教科書をよく読むと、「小数点にそろえて、点を打つ」の表現はあるが、「小数点をそろえて書く」という表現はどこにも見当たらない。あるのは

「位をそろえて書く」である。

　これも発問・指示で十分気を付けたいことの一つである。

2　教科書に沿った課題を扱う

①　円周と直径との関係理解を意図した異なる授業

　私は2クラスに前半と後半それぞれ半分ずつ、T2として入った。

　本時の学習のめあては「いろいろな円の大きさで、円周の長さと直径の長さの関係を調べよう」である。

　教科書には手がかりとして二つのことが示された。

(1)　円形のものの円周と直径の長さを測り、表にまとめること。

(2)　円周の長さは、直径の長さの何倍か。四捨五入して1／100の位までの概数で求めること。

> 　Aのクラスでは、自分の持ち物で丸い形のもの（水筒やスティックのりなど）を使い、実際に円周や直径を測らせて表にし、円周が直径の何倍かを求めさせていた。
>
> 　Bのクラスは、教科書に出ている缶やおぼん、太鼓や鍋などを使い、それぞれの数値を与えて、円周と直径の関係を求めさせた。

　私も、若い時代には、よくAの授業をしていた。いろいろなものを試行させた。実際に測定を体験し、量感を育てることは大切な学習である。問題解決の力を付けるのに、試行も思考も必要である。

②　教科書の計画で進める

　けれども今の立場なら、Bの授業を中心に行う。

　実測するとどうしても誤差が出て、円周率（円周÷直径）の数値から離れることがあるからだ。

　ここは、教科書（指導書）の数値を使って計算させ、缶やおぼんなどどれもが3.14前後の数になることをまず確認する。その後で、そのほかの実物も同様になるか確かめてみようと、行いたい。

　Aの授業をしたクラスで、苦手な子は何をすればよいか分からず、私が直接スティックのりのふたの直径の測り方、円周の測り方を教えた。

　一緒に測り、表に数値を書かせた。そして、円周÷直径の計算をさせると、2.9…という数値になり、測定誤差のためとても円周率に近づかない、

と思った。さらに別のものも測るのだが、本人は何を測っていいか思い付かない。そこで「ではこれ（巻き尺の円型）を測ってみたら」と言って、私は隣のクラスに入った。

10分ほどして戻ると、その子は結局何も進んでいなかった。

円周率を求めるわり算の計算ならできたのだが、円周や直径を自分で測定することができないために、長い空白時間が生じてしまった。

この子の場合は、教科書の数値を与えて進める方が適切であった。

3 課題提示は省略形がよい

6年速さの学習である（東京書籍6年・2019年度）。なお速さの単元は新年度より、5年の学習内容である。

例題の文章は次の通り。

「A、B 2つのプリンターがあります。縦が89㎜、横が127㎜のカラー写真を、Aのプリンターは1時間で90枚、Bのプリンターは12分で20枚印刷することができます。

速く印刷できるのは、どちらのプリンターですか」

このように教科書の例題文章が長い時、省略形にすることが多い。

A　1時間で90枚
B　12分で20枚
どちらが速く印刷できるか。

---

① 対応付けて板書する

すでに速さや道のり、時間を求める問題は学習済みである。このように必要最低限な数値と言葉に絞り込んでしまう。

教科書も文章の下に、私の板書同様のことが書かれている。しかし、私の書き方は、横並びではない。これは、時間と枚数を縦に書くことに意味がある。両者の関係がこれでつかみやすくなるのだ。

★この部分の内容は「組み立てポイント」の5にも関連

この後、子供たちから意見が出たのは「1分あたりの枚数を求めればよい」ということであった。

そこで私は次のように板書した。

> A　90÷□　※はじめ、ここは□で提示した。
> B　20÷12

　既習事項なので、立式は私の方で書いた。□の部分はどんな数値が入るか少しの間考えさせた。少人数教室では、こうした基礎的な既習を繰り返し繰り返し、事あるごとに提示し、定着を図る必要がある。

　1時間ではなく、60分でわることを確認し、計算でも求めさせた。

　1分間にAは1.5枚、Bは1.66……になるので、Bの方が速いとなった。

②　もう一歩の詰めで思考を深める

　それは分かったが、はっきりとした数になっていない。これを確定するにはどうすればよいか尋ねると、「分数で出せばよい」ことに気付いた。

　そして、分数計算で求めることができた。

　さらに私は子供たちに追究させようとして、次のように尋ねた。

　「1時間あたりの枚数を求めるようにすれば、Bの12分で20枚の方だけを調べればAと比べることができるね」

　するとふだんは少人数教室であまり意欲を見せることが少ないY児が、間髪入れずに「Bは100枚！」と叫んだ。

　私はびっくりして、なぜ100枚かY児に説明を求めた。

　「12分を5倍すると60分だから、20枚も5倍すると100枚になる」

　Y児の説明に私が比例のアイデアを補足しながら説明すると、皆も「おー！」と驚きの反応を示したのである。

　実はこの前日に、別のT2の先生が「Yさん、明日は寝ないでちゃんと勉強しようよ」と諭してくださり、私とも約束済みであった。

　なお、その後も、ときおり睡魔が襲ってくる日もあったようだが、ともあれ約束したことはきっちりと守る立派な子であった。

4　指導内容の組み立ては順序に気を付ける

　授業中に指導した内容を、終わってから、あの時、話す内容の順序を入れ替えておけばよかった、と思うことがしばしばある。

①　五角形の内角の和を求める問題

5年の教科書大問には「五角形について、角の大きさの和を工夫して調べよう」とあり、小問も「五角形の角の大きさの和を求めましょう」とある。

手がかりの吹き出しには、五角形の内側が2本の対角線によって三つの三角形ができている図がある。

教師は、この三角形の内角の和180度を取り上げて、その三つ分だから、既習の180×3で求められると指導した。

これを見て、三角形に分ける前に、することがあったのではと考えた。

この問題は内角の和を求めるのであるから、まずは、内角はどこかに着目させるべきであった。

五角形の五つの角の部分であり、そこに角度の記号を5こ書くことが重要である。その5か所の合計が内角の和であることをまずおさえる。

次にこれまでの既習を考えさせ、対角線を引くことで5この角が9こに分けられることを強調するのだ。

5こ→9こ、これが大事。

9このうち三角形の内角3こを塗りつぶし、この合計が180×1。

次に隣の三角形の角を塗りつぶし、これで180×2、そして残りの三角形の角を塗りつぶして180×3の内角の和になることが強調される、と考え付いた。

2020.1.16　1h　28P

担任はこのようにして　180°×3

とするよりも
まず、内角の和とは

〈 の合計を求めること。

だから、対角線を引いて五つの角を分けると
三角形の角になることを視覚的に訴え、

と、一つの三角形の角を塗っていけば
より180°×3が強調される。

5　多くの問題をこなす板書の活用法

4年生のたしかめ問題、約30問を1時間で扱った。

この30問を、少人数教室で9名の子に、取り出し指導を行った。

これだけの分量を算数が苦手な9人の子供たちと終わらせる。

ポイントは、次の2点である。

A　文章題は場面を簡潔に示すこと。

B　計算問題は、教師が黒板を等分して、筆算を書いておく。
　　（その間に子供たちに問題を解かせる）

（東京書籍4年下・2020年度「小数のかけ算とわり算」）

たしかめよう△番　文章問題

　歯をみがくとき、水を流したままにすると、1回で11.4Lの水がむだになるとします。

　1日に3回みがくとすると、1週間では何Lの水がむだになりますか。

　文章問題は、よく皆で一斉音読をさせることが多い。全員をその問題に集中させるためである。

　けれども今回は端的に私の方でかみ砕いて提示した。「歯を磨くと1回で11.4L使います」とだけ言って、11.4と板書する。

　次に「1日3回磨くとどれだけ使うのかな、式はどうなりますか」と問うと、すぐに（かける3）と反応があった。

△番以降の　計算問題

---

①$0.4 \times 3$　②$6.7 \times 4$　③$36.4 \times 2$　④$3.7 \times 4 + 6$　⑤$0.5 \times 8$
⑥$12.5 \times 8$　⑦$1.7 \times 42$　⑧$2.4 \times 25$　⑨$86.1 \times 53$　⑩$0.5 + 21.5 \times 6$

---

①　まずは教師が板書準備（仕切り線、番号、筆算問題）

　私が板書する前に、子供たちには自分でどんどん問題をノートに計算するように指示しておく。

　作業指示の後、私は板書作業を始める。

　10問あるので、黒板を縦に五等分線を引き、横に中央線1本を引いて上下2段に分け10マス枠をつくる。

　問題番号を上左からそのまま右へ①〜⑤の問題番号を書く（下図）。

　次に問題10問を筆算にして板書する。

①	②	③	④	⑤
⑥	⑦	⑧	⑨	⑩

②　一度に5人が前に出て書く

　いずれにしても、子供たち5人を一度に前に出させて書かせるのである。席順で前に出させ、横並びに5人が一緒に筆算を解いている状態になる。ノートにまだ書いていない問題があってもとにかく黒板で書く。

　まとめの問題なので、かけ算わり算のアルゴリズムはほぼ身に付いている。ただ苦手な子たちが来ているので、つまずくようであれば、黒板の前でその子に個別指導をすればよい。

　5問書いたら、次の⑥〜⑩を次の5人に書かせる。

　10問全部埋まったら答え合わせをして、自分のノートに○付けをする。

　なお、遅い子は板書を写させるのである。「ここまでで、まだ終わってない問題は黒板を写していいよ」と強調する。とにかく、教科書問題をノートに書いている状態にすることが苦手な子には大切である。

③　板書を消すときはまず上段の問題だけ

　次に△番の問題（省略）にいく。また私が問題を書くが、このとき黒板に書かれている△番の筆算を全部消さない。上の段の①〜⑤だけを消すのだ。下の問題をまだ写している場合があるからである。ここはきちんと確認しながら進めること。

　そして、①〜⑤の筆算問題を書き終わるころには殆ど写し終えているので、△番の⑥〜⑩も消しておく。

　教師は上段を書いたら、下段は番号だけにしておく。今度は子供に問題の筆算も書かせるのである。桁数も多くなり、つまずきも△番よりも生

じるので、個別指導に回る必要があるからだ。

④　子供に筆算問題から書かせる

　さらに、最後のわり算問題△番（省略）は、全部で12問なので、縦を6等分して12の枠をつくり、番号だけ書く。あとは前に出てきた6人の子供たちが筆算を解いていく。

　全員で答え合わせをする前に、ミスを見付けて修正させる。私の方でどんどん黒板に赤丸を付けていき、子供たちはそれを見ながら○付けをしたり、また書き写したりしている状態をつくる。

　このような手順で、1頁全部の問題を時間内にノートに書かせた。

§2 カルテ・座席表の作り方や使い方

　カルテとは個々の学習状況や指導について記録したものである。座席表は教室の座席と同じ枠を1枚の用紙で表し、個々の子供の気になる点を書き込んでいく。どちらも個々の児童理解の手法として使われる。

　私の場合、学級担任時代に作成した座席表が、最も活用できた。

　個別カルテもこれまでに試行したが、生かすというところまで至らなかった。単なる覚書の記録で終わってしまった印象がある。

　そこで試したのが、B4紙大の座席表記録である。

　子供を知ることや学期末評価に役立てることがねらいであった。

　名前順に横5列、縦8段で40人分の書き込みができる用紙を作る。

　教室の座席の位置をそのまま座席表にしたものを作ったが、この記録は長く続かなかった。1か月ごとに席替えをしたせいもあり、その都度座席表の枠の氏名を書き換える手間がたいへんであった。

　また黒板前の教卓から見た配置のレイアウトとそこに子供たちの名前の表札を示しておけば子供たちの様子や発言を再現しやすいかと考えたが、実際はそれほどでもなかった。

　いずれにしても記録が持続し、後々役立ったのは単に名前順にしたB4座席表であった。

　なお現在は少人数教室の担当として、個別カルテや座席表はあまり活用していないが、それらに相当する手法を役立てるように努めている。

1　個別カルテの目的と問題点

①　カルテの目的

　カルテとは何か。

　「カルテと座席表で一人一人を生かす授業」を研究してきた静岡市立安東小は、上田薫氏とともに著名な実践を創り上げた。

　その上田氏はカルテについて、大要、次のように主張する。

　「医師がカルテを使うのと同様、教師がカルテを生かすのも当然のこと。それは子供がある理解を示すことの意味がどんなことであるのかを、教

師が理解するために必要なのだ」

そして、記録の仕方については、端的に次のように述べている。

「教師が自分の予測とくいちがったものを発見したとき、すなわち『おやっ』と思ったとき、それを簡潔にしるすべきだ」

氏は、「おやっ」と思うことが勝負なのだ、とさえ強調する。

ではカルテの本家である医療現場では、それを書く目的は何か。

調べてみると、次のような三つの目的があることを知った。

1は、医師法で作成を義務付けられている。

2は、実際の臨床に必要になるから。現在までに至る時系列の記録が、
　　　現在の判断や決定に重要な役割をもつということ。

3は、保険請求の根拠や臨床実習の資料となるため。

このうち、2の内容が最も学校現場に当てはまる。

②　カルテの記録と問題点

私も40年の教師生活で何度かカルテらしきものを記録することを試してきた。向山氏の教師修業の方法に感動し、子供を理解するための一つの方法として、取り組んだ。

学級担任時代、カルテのツールを大別すると二つあった。

一つは、ノートでの記録。

一つは、コピー紙への記録。

現代なら、当然パソコンや端末などのICT機器も活用されよう。

前者は、大学ノート1頁ごとに名前のゴム印を出席番号順に押し、その頁の中に記録をしていく。

後者は、B5大の罫線紙や無地のコピー用紙、あるいは穴あきレポート用紙などに子供の様子を1人につき1枚の用紙に記録していく。

いずれの方法も、月日とその子の様子を時系列に記録する。

記録が累積していくと、子供の姿が分かってきたつもりにはなったが、何が分かってきたのかは、よく分からなかった。

その子のよさや問題点、あるいは単に様子が記録されているだけで、それを活用したという実感をもつことはあまりなかった。

また、カルテは個々の状況把握は可能だが、その子の学級での位置付け

や交友関係まではつかめない。そこで、学級集団内でその子がどのように認知されているかを知る方法として、ソシオメトリックを使った。

向山氏の『向山の教師修業十年』（学芸みらい社）所収の学級経営案でその大切さを知ることができた。

私も6年生担任をしたときに一度追試をしたことがある。その記録は拙著『学級経営力を高める私の修業記―向山洋一を追って―』（明治図書）2005年に記した。交友関係が見事に浮き彫りになる。

調査用紙の作成や集計、分析などかなり手間と時間がかかった。もう少し効率よくできれば、活用頻度がさらに高くなったかもしれない。

③　カルテ活用の結論

このように、いくつかの方法でカルテやソシオメトリックなど試行錯誤してきたが、自分なりに次のように結論付けた。

　子供を丸ごと捉えるために、カルテだけで児童理解を図ろうとしない。

そのための記録にすると重荷になり、なかなか継続しない。

それでも覚悟があればカルテもよいかもしれない。

前述の上田氏も「無理せずに、自由な形式で、一時間で一つでよい」等無理な記録を戒めている。

ただ、残念ながら私にとっては役立ったという実感がそれほどつかめなかった。それで改めることにした。

記録をする目的をもっと限定して、活用したほうがよいのではないか。

そこで私は、二つの目的に絞った。

> ア　その子の良いところを見付けること
> イ　良さの累積を通知表に生かすこと

そう考えるようになってから、カルテから座席表に替わってきた。

2　学級担任時代の座席表の活用

〈作り方〉

　a　横5マス、縦8マス、合計40マスを作る。

b 一つのマスに、出席番号と名前を入れる。残り部分に記録する。

c 名前と記録欄の割合は1：4.5くらいである。

d 記録欄にはプラス面のみを記録する（次頁参照）。

① 座席表の一覧性とその良さ

例えば、出席番号2番の1枚目のマスには次のように書いた。

---

2 たまごのからつぶをしきつめている。

4 国語教科書全文4回読んでくる。

この2と4は2学期始めの週9月2日、4日を示す。

ところが、2週目を記録した2枚目（省略）のマスは空欄である。私は書けなかった。

1週間で1枚分、つまり全員の分を書き込む努力を課したのだが、書くことが見付けられなかった。

この2週目は、4番の他にも一つも書けなかった子が8名もいた。

この座席表の良さは実はここにある。

座席表はクラス全員の子が一覧できることで役立つ。よく目立って書ける子とそうでない子が一目瞭然となる。1週間たっても書けない子が出てくる。そうすると、翌週は必ず見付ける努力をするようになる。

② 累積座席表で見えてきたこと

1週間で1枚全員の書き込みを継続すると4週間で約1か月分の記録が累積される。そこで横1段ずつ切り取ってつなげていく。7週間の累積を切り取ってつなげたものが累積座席表である。

長所がたくさん書ける子、ちらほらの子、書けない子の三タイプに分かれた。書けない子は意図的に観察して、見付けるように努めた。

図は、5名の子の7週間分を累積した一覧のうち、一部を抜粋したものである。学習面や生活面など友人関係などいくつかの面での良さが見えてくる。また、空欄が多い子は次の機会はしっかり探そうと努力する。

この累積で、観察の視点も多面的になってくることが分かった。

さらに、表中の最下段マスには7週分の主な特長を抜粋やまとめをし、通知表の参考資料に役立てることができる。

◆9月1週の15人分座席表記録

（出席番号と名前）

98年9月1日〜5日 小 年 組	1（名前○○○○）	2（名前○○○○）	3（名前○○○○）	4
	2. プール検定、チョウチョ泳ぎがうまい、曲がってしまったが。 4. 大きな声で音読できる。	2. たまごのからつぶをしきつめている。 4. 国語教科書全文4回読んでくる。	2. 始業式（校長）講話「友達と仲良くしよう」一人だけ書けた。 4. 給食のテーブルふきを進んですぐにしてくれる。	4.
	6（名前○○○○）	7（名前○○○○）	8（名前○○○○）	4.
	5. 三角形のものを身の回りから探そうとする。 パンチをねかすと三角だよ。	4. 作品の旅行記本をきれいに仕上げていた。	2. 水を入れてストローから出た勢いで舟が進んだ？ ある物で工夫しているのがよい。 3. 三角ができた。	に 笑わ
	11（名前○○○○）	12（名前○○○○）	13（名前○○○○）	14
	2. 検定「特2」に挑戦。34秒で残念。 3. トラック走で11秒を切る。 5. 天井のけい光灯で三角見つける。	（1〜5 欠席）	3. まがった巻き紙を直線にするのを前に出てやる。	4. 音 で届

◆3週間分の累積記録（1〜3番の児童の3週間の記録）

〈累積座席表〉

1月11日〜	1（名前○○○○）	2（名前○○○○）	3（名前○○○○）	4
	11. ○くんの木の手紙を持ってきてくれる。 12. かさじぞう音読練習 1回目、一番におわる。	13. 郵便局見学のQAメモ6個。	12. 作業の合間に九九練習に励んだ。	4.
1月18日〜	1（名前○○○○）	2（名前○○○○）	3（名前○○○○）	2.
	18. 8・9の段 九九、11秒の新記録をつくる。 19. 音楽会の歌練習は大きな声でいっしょうけんめい。	20.「すると真夜中ごろ」だから休みだしたよりも時間がたっている。	20. 場面分けで2回とも正しいところを指摘する。 理由は△だが、よく読みといている。	はれ
1月25日〜	1（名前○○○○）	2（名前○○○○）	3（名前○○○○）	4（名
	26. 道徳「ぽんぽん山の月」月の立場で感想を書けた。 28. 後ろ二重 0.5回。	欠席長引く 29. 久しぶりの出席 ア. 体育見学なわの片付手伝う イ. 車作り進んで仕事をする	28. 後ろ二重とび、もう少し	27. 日 君にいう
7週間の累積	• 手作り手紙を持ってきた • 音読練習を一番早く終わる • 8・9の段、11秒の新記録 • 音楽会の歌は大きな口と声で • 月の立場で感想書く • 放課後一人で仕事する	• 郵便局の見学メモQAを6こ書く •「かさじぞう」言葉を根拠に読みとれた • 郵便局の車作りには進んで働く • 説明文よみとりで積極的に発言する	• 作業の合間に九九に励んだ • 場面分けは切れ目を探し出せた • 後ろ二重とびもう少しでOK • なわとび検定で意欲をもち持続する • 百人一首は男子でトップ	

3　少人数教室でカルテ・座席表に相当するもの

少人数教室での個別カルテは現在作っていない。

けれどもそれに相当するものが、次のようにいくつかあると考える。

---

a　取り出し指導用の個人カード（プリントの累積）

b　実態調査の一覧と○付けプリント

c　ノート記録の上手な子のコピー

d　その子の学習ノートでの追跡

e　毎時間の授業カルテメモ

例えば、毎時間の授業の記録（授業カルテ）である。

この授業カルテについては、主にT2として、子供の様子やT1教師の指導の様子で気付いたことをメモ風に記録してきた。下記画像のように3年〜6年まで学年ごとの色別のコピー紙のメモがたまってきた。

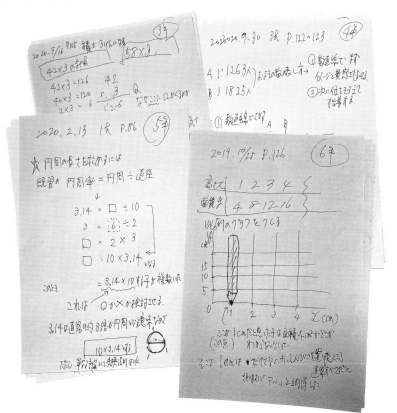

〈授業カルテ〉

　最近の授業カルテには、次の内容をメモした。

　4年小数の倍……わり算の式はできても筆算を逆にしてしまう。
　5年正八角形の作図……正八角形がきれいにかけているがよく見ると辺
　　　　　　　　　　　　の長さが少し違う。辺の長さをそろえるには、
　　　　　　　　　　　　半径を向こうの円周まで延長（直径のように）
　　　　　　　　　　　　させて、交点に点を打つ。

　被除数が除数より小さいと、子供は立式に迷う。

　だから、120÷100の式を説明だけでなく、板書しておき、その下に50÷100の式をそろえて書いておくと、もとにする数でわることを視覚的に意識付けることができる。

　また、筆算を書くときは、式の順に書かせること。
　50
　わる　→　）
　100
　は　→＿＿＿
の順に書くことを徹底、強調した。

図：4年授業カルテの例

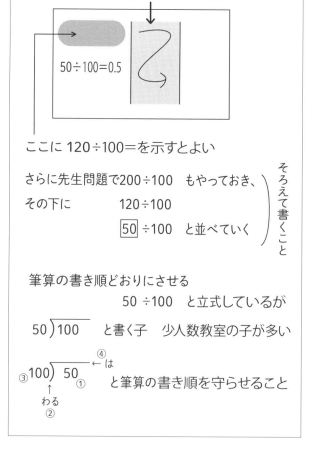

§3　略式指導案作りのポイント

　今年度、算数少人数教室でT1担当者の補助、12名ほどの子供たちへの個別指導が主たる役割である。T2担当時には、指導案を作成していない。それはT1担当者の役割である。

　本校のT1担当者は大変勉強熱心な教師で、自分で略案を書き、時々、「授業を見てほしい」と相談され、2人だけの授業検討をすることが度々あった。そのときに検討した略案がすでに50枚近くになる。

　また、2学期後半、校内事情で私がT1を担当することになった。2年半ぶりの授業担当のため、自分でも授業の組み立て方が不安になった。そこで毎時間指導案を作成して授業に臨むことにした。

　もちろん研究的・研修的指導案ではなく、前任者が作成したものと同様略案形式のものである。月曜日から金曜日まで毎日3時間、4年〜6年の算数授業にフォーマルな指導案を作成する余裕はない。

　そこで、これまでの経験を考慮して、次の三つのタイプを考えた。

①　**通常タイプの略案**

②　**級別タイプの略案**

③　**座席表授業案**

どれもA4用紙1枚の形式に収めるようにした。

　通常略案は、一般的な略案である。枠組みの中に、時間配分、教授活動・学習活動、留意点・評価の項目を立てた。

　級別略案は習熟度別要素を少し考慮したイメージの形式である。横長で左半分が指導の流れ、右半分に級ごとの重点指導内容を明記する。個別指導的な要素を含むことを意図した。

　座席表授業案は、上半分に授業の流れを記し、下半分を座席表にした。そこに本時で、一人一人に対応すべきことを前もって書き込んでおく。

　日常的な略案としては、当然、通常略案を作成した。けれども、自分の授業力や個別指導の腕をみがくためには、適時、他のタイプの授業案も作り、研究的に取り組むことが必要である。

1. 算数少人数指導略案・通常タイプ

2016年11月29日（火）2時間目

12名　板倉

単元名：重さを数で表そう

本時目標：重さを表す単位「キログラム（kg）」、1kg＝1000gの関係を理解する。

	学習活動	指導・支援　☆評価　※ICT
導入	1　既習事項のおさらいをする。 ・1kg未満の目盛りを上皿ばかりで読む。 ・フラッシュカードで答える。 　かけ算九九、わり算九九	※デジタル画像の転換をテンポよく進める。 〇答え方は、一斉、列ごと、席順など変化のある繰り返しで行う。 〇定着、習熟のために短時間で繰り返し行う。
展開	2　②を読み、問題をとらえる。 　ランドセルの重さを調べる。 ・1kgと1kg500gの間にある。 ・1kgは何gか知る。 3　ランドセルは何gか読み取る。 ・1kg200g ・1200g 　重い物を測るときは、kgの単位を使うことを知る。 4　1kgの書き方の練習をする。 　ワークシートでなぞり、練習する。 5　教科書のはかりに、次の重さを表す目盛りに矢印を書き入れる。（☆2問題） 　ア　1kg500g 　イ　1kg700g 　ウ　1kg850g 6　身近な物の重さの目盛りを読む。（☆3問題） 　①　書道セット（1kg300g） 　②　黒板消しクリーナー（1kg800g）	〇※実物の上皿ばかりは、1kg～2kgの間がkg単位になっているため、未習事項であり、デジタル教科書を中心に進める。大きな目盛り（100g）が何gか気付かせる。 ※電子黒板で、500g～1kgを拡大する。次に、1kg～1kg500gを拡大提示する。 〇まとめる。 「重いものをはかるときは、キログラムのたんいをつかう」 ※kgの書き順をデジタルで確認する。その後、一斉空書きをさせたり、黒板にも書かせたりして、間違いがないか、確かめる。 〇練習問題で、理解状況を確認する。 ※拡大したはかりの目盛りを画面に、ペンで矢印を書き込ませる。3人以上にさせる。 ※拡大した目盛りを提示して読み取らせる。 ・ノートに答えを書かせてから発表させる。 ☆（ノート・発表）
まとめ	7　適用問題（△2問題）を解く。 　次の重さを（　）の中の単位で表す。 　①　2kg300g（g） 　②　3kg50g（g） 　③　1600g（kg、g） 　④　2050g（kg、g）	☆適用問題の単位換算ができる。（ノート・発表） ・四桁のマスを提示して、手がかりにする。 □□□□

少人数指導略案・通常タイプ（14枚目）←4学年での通算枚数

2020年12月16日（水）3時間目

4年12名　板倉

単元名：変わり方調べ　p59〜60

本時目標：伴って変わる二量の関係（差一定）について、表を用いて理解
　　　　　する。（4/4）

時間	教授活動・学習活動	留意点・評価
10分	段の数と周りの長さの関係	○前時の発展問題を扱う
		○教科書の表を利用する
	段の長さが2倍、3倍になるとき周りの長さはどうなっているか調べる。	
	①どんな関係か	○比例という言葉はまだ使わない
	2倍、3倍……になる。	
	②20段のとき4を20倍する。	
	4×20＝80	
20分	Q　1本のひもをハサミで切るとき、	○すずらんテープを使って実際に1回、2回、切って見せる
	①切る回数に伴って変わる量は何か。（ひもの数）	
	②ひもの数を60にするには、何回切ればよいか。	
	表を作って調べなさい。	○表を作らせる
		当てはまる言葉を確定しながら書き込ませる
10分	③表から分かる□と○の関係を説明する。	○□と○の関係式を前回とも比べる
	④□と○の式で表しなさい。	（□＋○＝13）
	□＋1＝○　または○－□＝1	○関係を式化することで、大きい数も計算で求めることができることを押さえる
	まとめ	
	表は関係を見付けるのに便利である。	
	式は、表にない数を求められる。	
5分	◆計算スキル43	○時間があれば扱う
	「おぼえているかな」の練習	

段の数と周りの長さの関係の表

段	1	2	3	4
長さ	4	8	12	16

切る回数とひもの数の表

切る回数 □（回）	1	2	3	4	5
ひもの数 ○（本）	2	3	4	5	6

　前者は5年前に少人数教室T1担当者を始めた頃の授業観察用指導案で、後者は、2020年度（T2担当）、校内事情で短期間T1をすることになった時に作成した一般的な略案である。

　以下この通常略案作成のポイントである。

> 略案を作成した一番の理由は、明日の授業の流れを自身で確認するためである。紙上のシミュレーション（模擬授業）を通して、本時のねらい達成のために重要な部分がどこかをつかむことに努めた。

　目標の記述は、谷和樹氏の「指導案の目標の文末表現は4種類しかない」との主張を強く意識した。谷氏が主張する、指導案目標の四つの文末表現は以下の通りである。

　1知る　2気付く　3理解する（分かる）　4出来る

　本時展開前で私が付記したのは頁数と時間数の二つである。これは、毎時間の授業を位置付ける際に、必要性を感じた。授業開始前に、子供たちのために日付と頁数を板書するのと同意である。

　発問や指示、または課題などは書いたり書かなかったりであった。主発問を熟考するよりも、いかに授業全体を変化のある繰り返しの展開にするかに比重をおいた。

　教授活動と留意点の書き方は、次の手順で行った。
①　まずは、発問や指示など教授活動を記すのがメインである。
②　次に、それに対応する学習活動や子供の反応の予想を簡潔に書く。
③　①と②を決めてから、右側の留意点を記した。
　子供の反応を書くときは、代表的なものに留めた。

　「まとめ」も記した。本時の大切なことの一つとして、私自身のためにも記しておくことが多い。

　授業の最後には、習熟と定着のために、計算スキルの頁（一部の場合は、その問題番号）を入れるように努めた。

2. 算数少人数指導略案・級別タイプ※どの段階で誰に（指名するか、発言・板書させる、活躍させるか、引き出すか等）の見取表

2020年11月9日（月） 2時間目 5年 12名

単元名：分数のたし算とひき算 p16〜

本時目標：分数を用いた時間の表し方を理解する（10/11）

Gがんばれ Iいいね Sすごい（コース、レベル、理解度など）

時間	教授活動・学習活動	G級児童名4名	I級児童名4名	S級児童3名	留意点・評価
0	■1 45分は何時間ですか。				○1時間＝60分を確認する。何分を時間に直すには？ /60で。
5	時計図を提示し、大（12）小（60）の目盛りがあることを確認する。	読みはると→A			
	①3人の考えを説明する。はると：45/60時間 みさき：9/12時間 こうた：3/4時間	みさき→B	赤い部分が表す大きさは→E、F その他の方法（約分通分）を出させる→G、H	その他の方法は③I ▲1の答えを板書J、K	○①はG級を中心に進める。
10	②3人が表した分数が等しいか確かめる。どうやって確かめるか。	こうた→C			○②はI級中心。基本は60等分であることと、その後の約分を忘れないようおさえる。
	時計図→赤い部分がどれも同じ 約分→どれも3/4になる	時計図のどこをみるか→D			
20	通分→どれも45/60になる				
	③40秒は何分か。				
25	1分は何秒か。…60秒 60秒のなかの40秒は				③時間があれば12時間は何日かを試行する。
40	40/60＝2/3分 ▲1 □にあてはまる分数はいくつか。 ◇計算スキル25				

　実際の略案は、A4横の形式。各級の英字は児童名。

　本時展開前部分の※印に示しているが、授業の流れのどの段階で誰を取り上げるかを計画した形式である。

① 活躍場面と計画性

取り上げる場面として、例えば、次のような機会を想定した。

①発言させる　②読ませる　③答えさせる

④板書させる　⑤考え（アイデア）を説明させる

⑥（例・デジタル画面で）活躍させる

どの場面で取り上げるか考える前に、まずは対象児を個人差に応じて三つのグループに分けた。子供たちには知らせない。

G……がんばれグループ
Ｉ……いいねグループ
Ｓ……すごいねグループ

Gの子供たちは、易しい課題や作業指示の場面で、Sの子供たちは、難しめの課題や説明を要する場面など、その個人に応じて取り上げる場面を意図的、計画的に示すようにした。

例えば、Gグループの子には、本文を読ませたり、簡単な問いに答えさせたりすることを意図した。Iグループの子らには、赤い部分の大きさや約分、通分を答えさせようとした。Sグループの子には、その他の考えを出させたり、答えを板書させたりするように計画している。

② 実施しての感想

実際に作ってみて、個別の対応を事前に計画して働きかけようとする意識をもつことができた。わずか12名の少人数ではあるが、常に意識していないと一人一人への対応が働かないと思った。

ただ実際には、計画した場面で指名しようと思っても難しかった。他の子が挙手して答えようとしたり、指名すべき子の注意がこちらに向いていなかったりすることがあるからだ。

また、どの場面でどの子に指名をするのか覚えておかないと、略案を見ることになり、結果的に授業のリズムとテンポが崩れてしまう。

それを改善するために考えたのが、次の座席表略案であった。

3. 座席表授業案

2020年11月9日（月）4時間目

6年12名　板倉

単元名：データ資料の見方　p153

本時目標：これまでの学習内容を適用し問題を解決する。（10/15）

本時展開

教授・学習活動　　＊留意点	教授・学習活動　　留意点
◆5　練習 ▲1　下の表でYはXに比例するか。 　①　しない 　②　する ＊理由を説明させる。 　②はXが2倍3倍になるとYも同様。 ▲2　比例する表の空いているところに数を書く。またYをXの式で表す。 　＊Y＝決まった数×Xの式を表してから、表の穴埋めをする。 　Y÷X＝決まった数	▲3　□の言葉の数量に比例する数量を見付ける。 　①　直径と 　②　分速70mの時間と 　③　高さ一定の平行四辺形の底辺の長さと ＊それぞれ関連する公式を想起させる。 　直径×円周率＝円周 ▲4　3mで20gの針金の比例問題 　①　54gの時の長さは何mか 　②　7.2mの重さは何gか ＊与えられた条件を表にして求めさせる。 ◇計算スキル21及びそれまでのやり残し分に取り組む。○付けは本人でも可

座席表（下記）　本時で重点指導すべき主な内容。また、▲はとくに発言・板書させたい教科書問題

※前時までの実態から、伸ばしたいこと、改善させることなどに着眼して記述する。

とくに**太字**で示した部分は、評価しほめる場面にするため、意識する。

56

13	14A▲3 気を抜くと隣と おしゃべりをし 出すので机間巡 視で**緊張感をも たせる**	15S▲2　**定数を 求める式の発言** 視力のせいか、 板書を細目で見 ることがある。 本人に聞きなが ら書かせていく。 又は席を前にす る	16
9B▲2 **書くこと**に時間 がかかり過ぎる ので、書き直し を消しゴムでさ せないようにす る	10W▲1 板書された内容 を全て**きちんと ノートに書き取** らせる	11I▲4 皆の意見が出な いときに、**誘い 水的に発言**して もらう	12K▲2 比例の理解ノー トの取り方は良 いので、**数多く 発言（2回以上）** させ自信につな げる
5K▲2 自信をもてない が適切な**答えを 言える**ので、自 信をもたせる	6N▲3 よそ見が多いが、 よく考えてはい るので、**発言さ せていく**	7M▲4 良い考えをもつ が、**自分から発 言**しないので引 き出すように	8R▲3 グラフの読み取 りは一番できた ので、**積極的**に 述べさせる
1O▲1 真面目だがもう 一歩の詰めが弱 いので**理由に拘** らせる	2S▲3 集中しないこと があるので、常 に声掛けをする。 **ノートをきちん と書かせる**	3T▲1 書く作業がおそ いので、**書き進 める**よう励まし ながら促す	4Z▲1 丁寧なノートだ が、その分聞き 取りが漏れるの で、**しっかり聞 き取らせる**

〈黒板側〉

※2頁にわたっているが、実際の略案はA4縦1枚に収まっている。

①　座席表授業案の出典

　各種文献にあたり、上田薫氏と静岡の安東小学校（後に築地久子氏も在勤）の座席表の授業案の存在を知る。

　そこで得た「座席表授業案」（この名称は築地氏著『生きる力をつける授業』より）を参考に、自作したのが前掲の略案である。

　本来なら、1学級30～40人の通常の学級で作るものである。十数人の

少人数教室では必要ないかもしれないが、しっかりとした個々への対応を
考えると、私にはやはり必要となった
　上田氏が掲げた座席表作成の注意点イロハは必読である。

> イ　形式は教師が使いよいように自由に
> ロ　内容は、その子の能力、特性、注意点、その時間での期待など
> 　　このへんで発言を、この子の様子から全体の理解度をさぐるとか
> ハ　多くは書かず、記号や単語で簡潔に。一目でイメージがわくように

　このような上田氏の考えも参考に、座席表授業案を作った。
　留意事項として挙げたが、その子への重点指導すべき内容を盛り込むよ
うにした。とくに発言・板書させたい場面、伸長や改善すべき着眼点、評
価し褒める場面設定など、簡潔な表現ではなくなってしまったが、この座
席表の書き込みは自分でもわくわく感をもつことができた。「12名」とい
う人数が、ほどよい緊張感と楽しさを感じさせてくれたようだ。

　②　座席表授業案での授業検討
　実際の場で、同僚の鈴木氏にも見てもらい、座席表授業案に気付きを書
き込んでもらった。そこには、授業案の端に、「全員発言」や座席表部分
の10番と11番の枠内に◎が付けられ「予想通りの反応」「予想を生かした
指名」と書き込まれていた。
　たった2名の予想通りではあったが、全員発言もさせることができた授
業が展開でき、手応えを感じた。
　さらに鈴木氏は「この座席表授業案は前の級別タイプより、ずっと良い。
一人一人のことが分かり、何に気を付ければよいのか、何を指導すべきな
のかが見えてくる」と評価してくれた。
　子供たち一人一人に目が向いていないと自省したときなどに、この授業
案で自分の実践を振り返ることにした。

§4　少人数教室における個別指導

　個別指導とは「子供の学力回復・向上に資するために必要な、個への働きかけ」と考える。文部科学省の「個に応じた指導」の内容でいえば、どの子にも共通の基礎学力を等しく保障させることを意図する「指導の個別化」が中心となる。

　個別教育論は1980年代を中心に教育研究や学校現場で関心が高まってきた。また近年は、OECD「学習の個別化」、文部科学省「個別最適化の学び」という言葉も耳にするようになる。しかし、これらは学習者の視点からの言葉で、教師視点なら「個に応じた指導」ということになる。

　ここで扱う個別指導とは、後者の内容である。

　最近は個別指導の望ましい在り方を、具体的に考えるようになった。

1）　個別指導のタイミングをどう図るか

　①T1が一斉指導のとき、子供たちの中には入りづらい。個別学習や作業が始まった時に、机間巡視・指導がしやすくなる。

　②一斉指導が始まった時に、すーっと後方か横の方に我が身を引いて、T1の話を子供たちと共に聞く。

2）　授業過程から見ると

　①導入時は、教科書やノート、筆箱など学習用具、また教材教具の準備ができているかを見付け、指摘する。

　②展開時は、課題に応じた反応ができているか確認し、対応するように声をかけ、作業などを促す。つまずきなどを見付け修正させる。

　③終末時は、本時の課題がその子なりにやり遂げているか、点検・評価して達成感を少しでももたせるようにする。

3）　子供への関わり方の基本

　①指示されたところを見ているか、考えているか、作業しているかを点検し、小声や表情、あるいは手指や携帯する赤鉛筆等で促す。

　こうした教師の役割の適切さ、また子供の学力回復向上への貢献度等、T2の経験を積み重ねるごとに自問自答することが多くなった。

1　個別指導のキーワード

このような最中、私は二つのキーワードに出合う。

> A　**極微の成長**（『向山洋一は障害児教育にどう取り組んだか』）
> B　**個別指導のさらなる個別化**（『勉強』）

A……障害児指導の実践の記録の中に「アー」という言葉を獲得させるの
　　　に1年もかかる教育があることを知り、向山氏は励まされたという。
B……小中高浪人生に全教科を一人で教えた予備校教師・家庭教師の著者
　　　秋山夕日氏の勉強法で、それこそ一人一人に適した教材づくりを主張。

　T2として、算数少人数教室に来る子供たちの実際の変容からも実感することができる。さらに、向山氏の次の文章にも強く共感した。

> 学級担任は、常に「全体の授業を進めながら個別指導」をするのである。頭の中には、一時間の成り行きが詰まっている。個別指導は「つけたし」のようなところがある。しかし、Ｔ・Ｔで補助に回ると「個別指導」が自分の仕事になる。そこで、真剣に考えざるを得ないのである。
> （中略）では何ができないのか。「作業指示」による行動ができないのだ。
> 　　　　　　　　　　　　（『教室ツーウエイ』No.130　向山実践の原理・原則）

　向山氏の文章では、この後、指示されたことをなかなかできない子供の様子を描いている。

　こうしたエピソードは、私の場合にも当てはまった。

　例えば、A児は教科書を開くよう指示されても、すぐにできない。私が赤鉛筆で番号を書く。それから全員の机間巡視をさっと一回りして、再びA児に戻ると、番号をなぞっただけで全く進んでいなかった。

　このような子供たちには、やはり一対一の個別指導がどうしても必要になる。向山氏はそれを微細技術というより、「個別対応技術」と呼ぶほうが本質を表現する、と主張する（『向山型国語教え方教室』No.16）。

2　個別指導における二つの方法

　私が行った個別指導は主に「机間巡視」と「持って来させる」方法になる（机間巡視については、§5を参照）。

　後者は子供を教卓に呼んで、個別の作業状況を確認・点検する方法であ

る。ただし、この方法は、主にT1の立場のときに行う方法で、T2のときは、机間巡視・指導が中心である。

1）机間巡視の役割

1983年、『授業研究』誌から「この机間巡視のどこがどう問題なのか」をテーマにした共同研究の提案が京浜教育サークルに依頼された。

サークルで様々な観点から吟味検討され、次のような結論が出された。

> 授業の組み換えのための子供の全体の傾向の把握、教師自らの指導の在り方を子供の発想や状況から学び変革するためのものであり、そこに机間巡視の本質がある。従って、個々の指導よりも、次の指導に成果をどのように反映させたか、全体にどのように返したかが問われる。

京浜教育サークルでの結論は、机間巡視は個別指導というより全体へ返すための情報収集活動として位置付けていた。

このようにT1の役割は、全体傾向把握のための机間巡視にあると割り切って考えてもよいのだが、現実にはT1も机間指導をしている。それが少人数教室であればなおさらである。

2）教卓に呼んでの個別指導

もう一つの日常的な方法として、教卓に持っていき教師に見てもらう方法がある。私はこの方法を詳しく調べたことがある。

そのきっかけとなったのは、向山洋一氏と宮川美恵子氏との立ち合い授業で、子供の学習状況の把握の仕方が対照的であった。向山氏は教卓に持って来させて点検し、宮川氏は机間巡視をしながら点検していた。

この二つの方法の違いについて、私は強く関心をもった。

子供たちはどう受け止めているのか、気になった。

そこで、私はこの二つの方法の違いについて調べてみることにした。

6年の計算ドリルを使って、計算問題20問を10分間で解く。

1回目は、第1問ができたら教卓に持っていき、〇付けをしてもらう。

2回目は、教師は机間巡視しながら第1問だけに〇を付けて回る。

10分たったらやめて、自己採点する。

このドリル練習を通して、次のことを調べた。

---

(1)　進度状況の違い（問題数）

(2)　正答数の違い

(3)　教卓の〇付けと机間巡視の〇付けどちらがよいか（感想作文）

この結果は次の通りである。

①　問題数、正答数ともに机間巡視の方がよかった。

②　よい感想は、どちらも半数であった。

　①の要因として、連続して行ったので、2回目の方が慣れてきたこと、1回目は教卓前に並んで待ち時間が生じたことが挙げられる。

　②では、教卓に行く方法は、とくに中位・下位の子が望んだ。

　結果的に、両者に大きな違いはなかったかもしれない。どちらの方法も私の意識が強く働いていたため、確実に点検ができた。ただし、机間巡視の方が点検しづらいことは確かであった。

　また教卓では、延べ44名の子の点検に10分かかった。一方の机間巡視では、5分で36名を一回りした。ただし、前者には助言や指導が含まれ、後者はほとんど〇付けだけである。

　これを改善するには、次のような工夫が必要である。

a　教師が一目見て点検できるものにする。

　　考えさせて時間差が生じるようにする。

b　3問解いたら持って来させ1問のみ〇付け。

　　班ごとに順に持って来させる。

　　テスト直しは、得点の高い子から持って来させる。

3　向山氏と安彦氏に学ぶ個別指導論

　個別指導について初めに学んだのは、向山氏の実践からである。

　その向山実践の文章中に、安彦忠彦氏の存在を知った。2人の往復書簡にも大いに啓発された。安彦氏の著書も多数読んだ。

　向山氏の個別指導に関する考え方は、どのようなものであったのか。向山氏の個別指導観は算数TTの経験によって大きく変化していることに気が付いた。

1)　向山氏の個別指導の出発

　『授業の腕をみがく』（1983年）に、「どんなときどのように個別に作業させるか」という文章がある。この初出は、『授業研究』（1981年4月号

特集名：一斉授業中における個別指導の工夫）である。

それ以前にも、向山氏は個別指導論に関わりがあった。それは、安彦氏との交信である。その中で向山氏は安彦氏の『授業の個別指導入門』（1980年）の本について言及する。

その著書で安彦氏がこれからの個別指導研究の今後の課題として、10個の提案をしている。向山氏なら、そのうちどれを選択するだろうか。それから40年後、雪谷小の同学年3人会（向山氏、師尾氏、板倉）で、この件を質問した。

安彦氏の10個の課題から、向山氏は初めの三つを選んだ。

1　最も効果的な個別指導の方式は何かを明確にする
2　具体的に検討すべきは教師の指導姿勢と指導活動の在り方を探ること
3　単元全体の、一斉授業のなかで、どこに個別化場面を設定するかの基準の確定とその方法、教材、学習形態の用意

思った通り、向山氏の関心事は具体的な指導法であった。

また『向山の教師修業十年』（学芸みらい社）の付録「1978年・六年一組学級経営案」に示された教科指導の留意点で、算数は「個別指導を重視する」と書かれている。さらに1980年、向山氏が都の教育研究員時代、教育課題の研究として〈個別化をめぐる問題〉も対象であった。

少なくとも1970年代後半から向山氏は明確に個別指導を意識していたことが読み取れる。ただし、その当時の主要な課題は子供たちの学力の回復やつまずきなどを改善することが主なねらいであった。

ところが、こうした向山氏の個別指導観は、算数TTを担当することによって、大きく転換する。

2）　向山氏が算数TTの経験をする

1995年、退職前の5年間を、向山氏は算数TTとして授業を担当した。授業を2人体制で実施することで、大きな発見があったという。

それが、「作業指示による行動ができない」という問題であった。

向山氏の雑誌論稿を並べてみると、それがよりはっきりしてくる。

◆向山洋一氏が捉える「個別指導」内容の変遷

1980年、安彦氏との往復書簡（『すぐれた授業への疑い』1982年収録）

1980年7月、都の研究員のレポートに＜個別化をめぐる問題＞が登場。

1981年4月、『授業研究』「どんな時、どのように個別に作業させるか」

1982年6月、『授業研究』「一人ひとりを確認する」

※この二つの論文は1983年『授業の腕をみがく』に収録。

1983年7月、『授業研究』「机間巡視は授業で生かされているか―京浜教育サークル共同研究―」

1995年6月、『教室ツーウエイ』「転任してTT教師になった向山の授業しくみづくり」

　（以下省略）

　1983年の机間巡視の共同研究以降、向山氏の個別指導論が登場するのは1995年度の算数TTになってからである。

3）　安彦氏による「個別化」の捉え方

　安彦氏は『授業の個別化、その原理と方法を問う』で主張する。

---

　①子供一人一人の身体的、社会的条件を熟知し、記憶する。

　②自学自習の形態を主とする。

　③机間指導を徹底し、意識的意図的に行う。

　④板書には子供の名前や発言を明示する。

　この安彦提案なら、誰もが実践できるに違いない。すでに実践している内容もあるだろう。個別指導の方法に真剣に悩む教師なら、ここからスタートすることをお勧めしたい。

　①について補足する。

　安彦氏は提案①にふれて、向山氏著『教師修業十年』の大変な努力（放課後の孤独な作業など、向山氏が自らに課した実践）も取り上げている。

　また安彦氏がとりわけ強調したのは、教育界で流行りの「個別化とは」「個性化とは」という抽象的な議論をする前に、目の前の自分のクラスの一人一人の様々な面（身体・健康・学力・家庭環境など）をもっと知悉するべきだということであった。

　子供の多面的な面を知る方途として、私がかつて向山氏の学級経営案から学んだのは子供の実態調査である。健康、学力、家庭環境、またソシオメトリックを使っての交友関係など、一人一人を知る努力をした経験は大切なことであった。

4 算数少人数教室での一人一人の捉え方

1） 捉え方の視点

　学級担任時代は、一人一人を捉えるためにいくつもの手立てを用いることができたが、少人数教室ではそのようなことは難しい。

　私が分かることは唯一、コース分けをする際に行った事前のレディネス調査でよい結果を出していない、ということだけである。

　そこで授業中の様子を観察し、一人一人を知ることに努めた。

---

　① 　学習の構えを見る。
　② 　教師の話を傾聴・反応しているかを見る。
　③ 　作業指示や課題にさっと取り掛かっているかを見る。
　④ 　提示された問題を解き進めているかを見る。
　⑤ 　問題を解決したかどうかを点検・確認する。

　この時、子供によっては姿勢のよい、わるいがあるが、それだけでは判断しない。勝手なことをしているようで聞いている場合もあり、聞いているようで机の下に手を伸ばして手遊びする子もいたりするからだ。そのためには、T2としての立ち位置が大事になる。

　個別作業が始まってからは、学習内容を理解しているか確認するのが中心になる。そこでの着眼点は遅れとつまずきに目を向けることである。

2） 主たる仕事はつまずきへの着目

　個々の子供の学習状況を観察し、その時点での遅れやつまずきを発見し、助言や指導するのがT2としての毎時間の仕事になる。

　これまでに経験する主なつまずき内容は、次の通りである。

　①作業指示ができない（開く、書き込む、写す）

　②問題が解けない（文意の把握、立式、計算のつまずき、ミス、単位忘れ、設問通りにしない）

　③測定や作図のミスやつまずき、コンパスや分度器の操作

　④表や数直線図に表す、二つの量の関係から式を導く

　⑤詰め詰めに書いているノートの書き方指導

　こうした子供たちのつまずき指導に関わる内容は、単元配当時数に比例するといえる。次の授業時数の一覧を見れば一目瞭然である。

　この表からも、子供たちのつまずきやミスの大半は「数と計算」領域に

集中することがうかがえる。したがって、数と計算の個別指導がいかに重要か分かる。第2章の取り出し指導もやはり数と計算であり、この改善無くして子供たちの学力回復は望めない。

◆少人数教室で担当する学年領域別の授業時数と合計時数の割合

	A（数）	B（図）	C（測）	D（デ）	合計
3年	105	16	20	10	151
4年	105	31	4	10	150
5年	71	35	30	17	153
6年	60	34	18	29	141
合計	341	116	72	66	595
割合	57.3%	19.4	12.1	11.0	

5　個別指導に関する問題にこだわる

　年度末学校評価で、指導内容（くり上がり、くり下がりを書く位置。ノートの書き方等）のばらつきが見られると問題となった。

　個別指導にも関わる部分であり、詳しく調べてみた。

　2年生筆算で使うくり上がり数字「1」は、教科書では問題数字の上に小さく書かれていることが多い。最近の教科書6社分で確認をした。数字の上部に補助数字1を書くのは4社、罫線下は2社である。また、上下の他に、一の位と十の位の間など別法も見られた。

1）たし算のくり上がり

　多くの教科書は数字の上に補助数字1を示す。その理由は忘れないためである。また、補助数字が無い場合はキャラクターに「くり上げた1をたすのをわすれないで」と言わせている教科書もあった。

　ところが補助数字1を下に示す提案がなされた。

　『教室ツーウエイ』1996年4月号 "ミスなし計算法" である。

　例えば、87 + 65 = 152の計算。

　くり上がりの1を上に書くと筆算の計算は1 + 8 = 9、9 + 6は15となる。このとき、見えない9という数字に6をたすという念頭操作になる。この見えない数字の計算が苦手な子には負担となる。

　けれども、下に書くことによって、まず8 + 6とどちらも見える数字で計算することになり、14に1をたすだけでよいので、計算が楽になる。提

案者の斎藤美樹氏は次のように説明する。

「頭に数字をため込まないで計算できるので、頭が疲れない」

この主張は、特別支援教育の観点からも重要だと考える。

本来、補助数字は、なくても計算できるようにさせることが望ましいが、計算が苦手な子には、必要な時期があることを理解したい。

2）　ひき算のくり下がり

くり下がりの場合はさらに複雑になる。空位のある計算を見るとそれがはっきりする。

例　102 − 65

この0の上に、くり下がりの10あるいは9を示す教科書がある。

前者は3社で操作の教具にお金やタイルを使う。後者も3社で教具はお金か数え棒である

私の場合、苦手な子には10を書かせるが、それが早く取れるように、習熟に向けての練習がやはり必要になる。

3）　大切な算数ノート指導

くり上がりやくり下がりの記入位置は、使用する教科書の方法が基本となる。前述の斎藤氏のような提案も、実に理に適っている。

子供の実態は多様なので、そのような書き方が複数あれば、子供たちにも指導して、本人に適した書き方を自分で選択させればよい。そして、いずれは補助数字なしでくり上がり・下がりができるようにさせたい。

分数は真ん中の横線を書いてから、分母、分子の順に書くように教科書では示されている。ただし、これは算数上のきまりではなく、ノート指導の目安として、教科書会社が提案しているに過ぎない。

最も大事な指導は、文字や数字をずらずらと詰め込まずに、1マス1字で、余白を取って、きれいなノートにすることである。

その他、次のことを徹底させていくことでノートは変わってくる。

① 　問題と問題の間は、1マス、1行以上空ける。

② 　筆算は必ず1マス1字で書き込む。

③ 　分数計算は分母と分子で2行分を使う。

④ 　筆算の横線や四角枠などの直線は定規で引く。

⑤ 　下敷きをはさむ。等々。

§5　机間巡視―どこを見る・どう指導する

　T1の役割は、教師の指示が子供たちにどう受け止められたのか全体傾向をつかむこと、T2は個々のつまずきに対して指導にあたることに重点がある、と考える。

　ここでは、次のことを取り上げ机間巡視の役割について述べる。

> 1　京浜教育サークルで検討した〝机間巡視の本質〟
> 2　少人数教室でT1とT2を担当しての気付き
> 3　子供の状況確認の過程
> 4　机間巡視の経験知

1　机間巡視の本質的な役割とは何か
1）机間巡視の役割についての議論

　かつて「机間巡視は授業に生かされているか」という特集が『授業研究』誌（1983年7月号）で組まれた。このとき京浜教育サークルでは共同研究として10頁にわたり報告をしている。

　この報告のもとになったのは、サークル例会で、共同討議したものである。このときの検討対象の実践は、主に私の3年算数「いろいろな問題」と4年国語「白いぼうし」の気持ちの読み取りの授業記録であった。

　また討議のメンバーには、向山洋一氏をはじめとするサークル員と、特別ゲストに大学研究者の波多野里望氏、向山浩子氏が出席された。様々な観点から検討された結果、次のようにまとめられた。

> 「机間巡視にしかできないこととは、次の教授活動を組み立て直すための情報収集活動である。（中略）次の指導の流れに活用するため、作業中の子供たちの机間に入り、短時間で子供たちの進度を点検し、つまずきの様相を知り、ユニークな発想を発見するなど、全体の傾向を把握するために行うもの、それが机間巡視の本質になるのではないか」

　そして、最後には、次のようにも結論付けられた。

> 従って、机間巡視においては、個々の指導よりも次の指導に成果をどのように反映させたか、全体にどのような返し方をしたかが問われることになる。

なお『向山の教師修業十年』の「教育実習生の変革」の節に、次のような文言がある。

> 机間巡視はその段階までの学級全員の理解の状況を確かめ、それをもとに授業を組み立てる大切な場なのです。

明らかに、前述の結論と同義であることが分かる。

2) 机間巡視と机間指導

1980年代前半ころ、「机間巡視」は、授業技術用語として位置付けが定式化されていなかったという。

そうしたなかで、安彦忠彦氏が指導案に机間指導を位置付ける提案をされたことを知る。その意図を知り、私もそれは十分に理解できた。

例えば、机間巡視の原理的性格を「個別の指導によって個々の子供の学習促進を目的とする」と安彦氏は提案する。

それゆえに、机間巡視は個別指導という大きな枠組みのなかに位置付けられるのが妥当であると考えた。そこで、私が気になったのは、机間巡視の本来の意味は〝巡視か指導か〟ということであった。

また机間巡視の役割とは、主に診断、指導、評価という一連の過程があることを、当時、何人もの研究者が主張していた。

ただし、前述したように、かつての京浜教育サークルでは、机間巡視の役割の本質は、指導にあるのではなく、全体の傾向を把握して次の授業に反映させることにある、と考えていた。もちろん、机間巡視しながらの指導もあり得るが、それは机間巡視の本質ではない、ということである。私自身はT1とT2で役割が異なることを感じている。

2 T2の役割（机間巡視・指導）から気付いたこと

向山氏は算数ＴＴの経験により、学習に取り組む以前の、子供たちの状況がはっきりと見えるようになったという。

私も少人数教室を経験することで、同様の発見をするようになる。

つまり、学習以前に気になることがたくさん見付かったのである。

① 学習準備ができているか

子供の視線はどこに向かっているか。

教科書・ノート・スキル・筆箱・下敷きは机上に置かれているか。

② ノートなどに書き始めたとき

鉛筆の長短や濃淡は適切か。指に隠れるような長さの鉛筆もある。

2Bの鉛筆でも薄い子は筆圧が弱い。

また書いている字の大きさも目に付く。

1センチ方眼の中に入る1つ入る数字ならよいが、4つも5つも入るような小さな文字で書く子もいる。

ただし、十字リーダーの中央あたりに字がきちんと収まっているので、これはこれで様式美はとても高いノートではある。

このような子には、「目が疲れないかな」、文字が薄い子には「指先は第二の脳だから力を込めて書くと脳が元気になるよ」などそっとつぶやくことがある。

T2の立場では、一斉指導ができないため、ささやき法になる。決して厳しく注意するような話し方はしない。

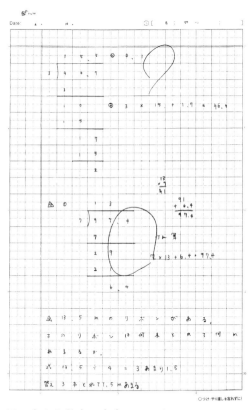

図　小さな数字・文字のノート

③ ノートのどこから書こうとしているのか

前の授業記録の続きから書こうとする子は、ゆったりノートに程遠い。ぎゅうぎゅう詰めに書いているからだ。必ず、前時に終わった頁の、次の頁の一番上から始める。そこに日付と教科書の頁数を書かせる。

学級によっては黒板に書かない担任もいるが、少人数教室に来る子供た

ちにとっては必要である。教師が「〇頁を開いて」といっても大半は聞いていないことが多く、どこを開けばよいか時間のロスが生じる。

授業開始前に、黒板に書いておくほうがずっと効率がよい。

以上のような気がかりな実態が見えてくると、少人数教室では机間巡視をしたときに具体的な対応を後回しにすることはできない。その場で何らかの個別対応をすることになる。

このときの机間巡視は〝巡視〟ではなく〝指導〟となる。

3　子供の状況確認　四つのプロセス

授業の流れで気になる部分は、主に次の過程にあることが見えてきた。

---

① 話を聞いているか（注視、注聴）
② 何をすればよいか分かっているか
③ 課題に取り組んでいるか（練習）
④ 学習内容を理解・習熟・定着しているか

私が気になるこの四つの過程は、前述の研究者の主張である「診断、指導、評価」にあたる部分と同じだということが分かる。

そこで、T2としての働きかけは次のようになる。

◆机間巡視で何を見るか

その子が今何をするのか、やることが分かっているのかを教科書を開く頁やノートの様子で確認をすること。

◆机間指導で何をするか

やることが分かっていない、遅れがちな子に対してすることは、
①することを促す　②作業指示を出す　③内容や方法を教える

◆子供の状態に応じて対応すること

これまで実際に行ったことは次のようなことであった。

A　すでに課題を終えた子……レベルを上げる（数値変更、次の問題付与、他の子に説明させる）

B　進んで考え中の子……ヒントや手掛かりを与える

C　考えあぐねている子……初めの部分を教える、または結果や答えを教え、なぜそうなるかを考えさせる

D　手が着かない子……赤鉛筆で薄く書いて、そこをなぞらせる

4　机間巡視・指導スキルの経験知10か条

　算数少人数教室を5年間担当し、そのうちの前半2年間はT1として、後半はT2として子供たちと関わってきた。

　そこで、これまでの経験知を、箇条書きにまとめてみた。

　1　立ち位置を考える（ベストポジションの自覚）
　2　T1の話し中には主に子供を横から見る（子供の即時反応発見）
　3　巡回の定石を理解する（人の視線の妨げ回避）
　4　個別指導の個別化に努力する（子供の数だけ個別指導）
　5　常に共感と励ましのシグナルを送る（私メッセージの発信）
　6　板書には、必備事項がある（日付、頁は子供のため）
　7　小さな「できた」を積み重ねる工夫をする
　8　机間指導中は、赤鉛筆を携帯する
　9　座席表やカルテへの記録は、授業中より隙間時間に
　10　机間巡視の心得は不易である

⑴　T2としての立ち位置

①　対象を見付ける

　T1であれば、子供の正面に立つ。そして話を始める。T2の私もその話を聞きながら、どこに立てばよいか考える。

　教室の広さによっても異なるが、少人数教室では、最後列席の子供たちの後ろ側か、あるいは前方横あたりに位置することが多い。少人数とはいえ、子供の真後ろだと子供の状況が的確には把握できない。

②　移動の際の配慮

　全員の学習態勢づくりのために、T2は移動することになる。話し手である教師と聞き手の子供たちの間に入らないように気を付けることは当然である。

　また対人間だけでなく、板書やデジタル画像に視線を向かせているときにも、当然子供の前は横切らない。

　そのため、一斉指導中のT2の動きは制限されるので、個別作業のときに、机間に入って素早く指導していくことになる。

⑵　T1の話し中には子供を横から見ること（子供の即時反応が分かる）

横に立つと、子供たちの表情や学習の態勢がはっきりとつかめる。話をしている教師の方に視線を向けていない子や、鉛筆や消しゴムなどで手遊びをしている子が見えてくる。視線を向けているが机の中で遊んでいる強者の存在も分かってくる。

そのような子供たちを発見すると、そばに寄って、そっと囁いたり、手で促したりする。まずは、学習への態勢づくりが出発点だ。

⑶　巡回の定石理解

机間を巡回する上で、気を付けたいのは指導者・黒板と子供の間に位置して、話を遮るようにすることである。やむを得ず通る場合には少し屈むなどの配慮があるとよい。

いずれにしても、T1が学級全体に向けて説明をする場合は、机間に入ることは避けたほうがよい。

子供たちの個別作業が始まると、T2は机間を巡回しながら個別指導を始める。

巡回の原則として、少人数教室と通常教室で次のように決めている。

少人数教室……後ろから前にぐるっと一回りする。

右端と2列目の間を通り、前に出たら3列目と4列目の間を通っていく。その時には前向きで後ろに歩いていく。

つまり、常に子供と同じ向きで机間巡視・指導する。子供のノートが見やすくなるためだ。これを繰り返す。あとは必要な子供に適時移動して関わる。

30人以上の通常教室……少人数指導の対象児に絞り込んで、適時その子へ関わるようにする。ただし、左右に移動する場合は主として座席の後

方に迂回して相手のところに行くようにする。黒板の板書と子供たちの視線の間を遮らないようにするためである。

⑷　指導は個別が原則

　隣の子には同じ指導が通じると思わないことが必要である。

　4年整数のわり算9000÷700で末尾の0を2個ずつ消して計算を工夫する方法がある。この消して計算する方法をある子に個別指導しても、素直に受け入れられる場合もあれば、反発されるときもある。その場合は瞬時に別の方法を考えてとっさの指導をすることになる。

　一つの方法だけで、どの子も個別指導ができるとは思わないこと。

　向山型算数の方式を金科玉条のように一律に教えようとする考え方に「子供の数だけ向山型があっていい」と向山氏がかつてのセミナーなどで話されていたことを思い出す。

　以下は机間巡視における個別指導の、私なりの原則である。

---

① 対象……少人数教室なら全員が対象であり。通常教室なら少人数
　　　　　　教室に来る子供たちを主に指導することになる。
② 機会……個別作業時の巡回中には、何度も指導機会をもつ。
③ 遅れ、つまずき、まちがいなどの把握と治療
　　　　　　……素早く見付け、端的に手がかりを与えるか又は教える。
④ 目標の設定……例えば練習問題の数量で個人差に対応する。

⑸　相手には、共感と励ましのシグナルを送り続ける

　算数が苦手な子にとって、学習は不安な要素がいっぱいだ。だから、励まし続けることが大切になる。「なるほど、すごい、そうそう、大丈夫」「黒板と同じ赤（鉛筆）で線を引いているね」また、肩や背中に軽く手を当て、「お、いいね」と一言添える。

　こうした小さなつぶやきはもちろん、目線や顔の頷きで合図を送ることもあった。ノートにこまめに〇を付けるのも励ましである。

　「あなたには、先生が付いているよ」というメッセージを送りたい。

⑹　板書には、必備事項がある（日付、頁を忘れずに）

板書をする際に、上の部分に必ず日付、教科書頁、計算スキル頁の三つ

を書いておく。

　教室に入って来た子は、それを見て、自然と開いて待っている。

　スキル頁を書いているのは本時で最後に行う予定の頁であり、またそれ以前の頁で、やり残し問題があれば、それを始業まで取り組むことができる約束をしている。早く来ればその分、余計に勉強を進めることができるお得なシステムにする。

　また、頁数が板書されていないと教科書何頁を開けばよいか、聞き逃すと開けないことになる。板書があれば、そのリスクを避けられる。

　さらに、ノートにも日付や頁数を記入しておかないと、それは学習の足跡を残す記録の意味をなさないのである。いつの学習か、どこを学習したのか、常にノートを開けば分かるようにしておくべきだ。

⑺　小さな「できた」を積み重ねる工夫をする

　本時の学習内容をしっかりと理解させよう、分からせようと力まないことだ。それよりも、学習用具を忘れなかった、教科書をしっかり見た・読んだ、話を熱心に聞いた、丁寧に写せた・書けた、挙手した、発言した、問題が解けた（解いた、でなく）、隣の子に説明したなど、一つ一つの学習活動を認めながら、小さな「できた」化をいくつも経験させ、その子のよさを一つでも認めていく努力と工夫をすることをお勧めする。

⑻　机間指導中は赤鉛筆携帯が役立つ

　まず、持ち歩くので、芯の部分に、キャップを必ずしておく。

　教科書やノートの一部を指し示すときに手指だと周りが隠れてしまうような場合は、赤鉛筆の細い先で示すことができる。

　練習問題を解いている最中でも、式、筆算、答えなどにどんどん○付けしてあげる。もちろんT1や担任了解のもとであるが。

　つまずいている子には、手がかりを薄く書く（例えば、くり上がりの1を書く、円周上の点など注視場所に印を付ける等）。

⑼　座席表やカルテへの記録は、授業中でなく隙間時間に

　授業中の記録は、実際に試してみるとほとんどうまくいかなかった。昔の若い時代でも、子供たちの観察と実際の個別指導で時間をとられ、座席表などメモ書きであっても、そのような時間が取れなかった。

どうしても、授業終了後の隙間時間や、あるいは放課後に時間をとるしかない。ただそうすると肝心な記録を忘れたりしてしまうこともある。

高齢の身となった現在は尚更即時メモ取りが必要だが、難しい。

ただ隙間時間にはとにかく「思い出し練習」と思って挑戦し、認知症予防に代えようと前向きに捉えることにしている。

今の私は座席表ではなく、A5の大きさに切った用紙やノートを授業観察メモとして、授業以外の隙間時間を利用して、記録を重ねている。

⑽ 机間巡視は不易である

『机間巡視に関する新研究』(二松堂書店) という大正3年の本がある。

"算術教授上の机間巡視" という節には、児童の運算上の欠点として誤算を第一に挙げ、その原因を三つ示している。

①数字の形の不正確、②数字の列と行の不正確、③書き写しの誤り

さらには、机間巡視上の必要事項として、次のように列挙する。

イ	計算の誤謬の指摘
ロ	検算の指導
ハ	特に理解せざる少数児童の取扱
ニ	数字の書き方について
ホ	計算帳の取扱い方について
ヘ	説明を試みしむ(個人につきて)
ト	早くできたるものの処置……一 検算を特に書かしむ、二 新問題の提供、三 算式を板書せしむ、四 説明を文章に書かしむ

「要するに**机間巡視は算術教授の生命である**」とまで断言する。

個人の思考活動の正否遅速や誤謬の傾向を知るのは、全くこれ(机間巡視)によって得られるとして、その改善には、「初歩のうちに救済し、個別に応じて適当なる方法をとる」ことを勧めている。

さらに、児童が課題に取り組んでいる間は、机間巡視は敏捷に、有効にせよと強調する。決して骨休みするな、天井を突くような児童の挙手に誤魔化されて天下泰平を気取ってはならない、と痛烈に警告する。

このような覚悟をもっていただろうかと、猛省せざるを得なかった。

§6　ノートチェック―どこを見る・どう指導する
～わり算ノートで発見！ "問題に手を着けられない原因"
数値が大きくなって立ち往生する子への対応をこのようにした～

1　何十何百のわり算問題から気付いた解き方の大切さ

　2018年、それまでの算数少人数教室担当者ではなく、T2として個別指導が主な役割となったころ。

①　つまずきの原因を見付ける

　T1の教師が本時の学習内容を指導した後、練習問題を各自で解き進めていた。机間指導をしていた時、この子は△の②90÷3＝30（上から2問目）を解いた後、止まっていた。③120÷4の問題に手を着けることができないでいたのである。

◆何十何百のわり算

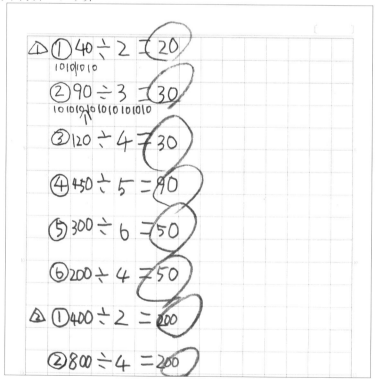

　私はノートの①〜③の問題を見たとき、手を着けられない原因が補助数字の10の列挙にあることにすぐ気付いた。

　この子は40や90なら10を4個、9個並べて2個ずつ、3個ずつ区切り目の線を挿入して解決していた。

　⑩とせず10と書いているだけでも負担を減らしているのだから上等の出来だ。しかし、数値が大きくなったときに、この10を並べて書く方法は不便であった。

②　解き方をその場で助言する

　そこで、私は0を隠して、九九を適用する方法を助言した。

　①40÷2＝20の40の0の部分を、私が持っていた赤鉛筆の先で上から隠し、子供に尋ねた。「何÷何？」（4わる2）「答えは？」（2）「それに隠した0を付けて」（20）というようにテンポよくやりとりをした。

　次の②も同様に進めた。そして、念のために③もその子とやりとりしながら一緒に進めた。120の0を隠すと、その子はすぐに30と答えを書けた。ここまで20秒もかかっていなかったと思う。

　そして、他の11人を一巡して戻ってみると、前掲のノートのように、⚠の④から⚠の5問すべて自力で解決をしていた。

　このようにして、子供は「補助数字の10を書かなくても0を隠して九九を適用する」解き方を身に付けていった。

2　ノート指導の重要性を実感する

①　ノート指導の共通理解

　私が常に意識しているノート指導の第一歩は、子供には頁の最上部から書き出させることだ。それが、日付と頁の記載である。

　つまり、最上部からなので、常に新しい頁から始めることになる。決して、前時のノート記入の続き（途中）から書かせるようなことをしない。詰め詰めに書いている子は、そのように書くので、その日の授業がどこから始まっているのか探しにくい。

　このようなノートの取り方は全学年でそろえて、一貫させることが望ましい。年度初めはそろっていても、高学年になるにつれ、途中で崩れてくることがある。また指導者が替わることで、学校全体での共有が難しくなることもある。

　算数少人数教室で、ノート指導の重要性を明快に教えてくれたのは、次

のノートであった。

②　計算は順序立ててきちんと書く

2016年、再任用4年目にして学級担任を離れた私は、初めて算数少人数教室を担当した（このとき教室の定員は、およそ12～14人）。

◆÷2桁のわり算の筆算

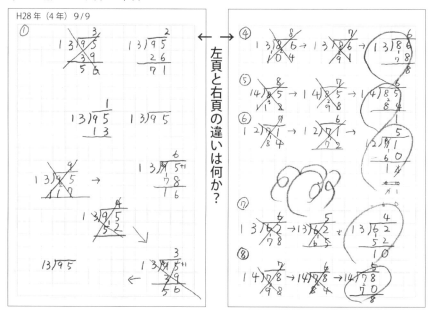

この子は仮商を立てる方法がはじめは我流（左頁）であったが（もちろん授業でノートへの書き方を指導してはいた）、私が途中でそれに気付き、向山型算数の指導法を徹底させた結果（右頁）のノートである。

左頁で、この子は当初、仮商を立てる際に九九を使っているが、何となく立てていたり、増やすべきところを減らしていたりした。

さらに今度は仮大商9を立て、減らしていくのだが、一つずつではなく、6にしたり、4にしたりする。しかも、書く場所もいい加減になっていた。

そこで、④の問題86÷13を計算する際に一緒に行った。一の位同士を指で隠し、十の位にある8÷1の計算と見立て、仮商を8にする。すると引けないので大きく×を書く。

次に、仮商8を1減らして7にして計算。この時場所はきちんと右横に書かせた。わざと→印を書かせて。それも引けなかったので、仮商を6にして計算させると、あまりが8の正答を得た。

　そして私が赤丸を付け「このように書いていくんだよ」と⑤番以降は自力で解かせたところ、ノートのような結果になったのである。

　このような経験を経るに従い、算数少人数教室で大切な指導とは、

> **1) 解き方を身に付けさせること　2) ノートの取り方指導の徹底**

にあると、考えるようになった。

　なお、この子が中学1年生のとき、全国中学生人権作文コンテストで「区長賞特別賞」を受賞している。

3　ノート指導の観点と対応

　どこを見るのか、どう指導するのかについて、T1・T2ともに共通する部分が多い。けれども、T2の方が立場上、確認・指導の徹底が図れるので、その役割をしっかりと自覚して子供に接することが必要だ。

　ノート指導の最低限の最大眼目を、私は次のように考えている。

> **その時間で学習したことがノートに示されていること**

　つまり、それは**板書事項の全文視写**で表される。

　T2は、算数苦手で学習意欲の欠ける子に対して、とにかく、黒板に書かれていることだけはノートに書き写させるよう、あの手この手を尽くす必要がある。

　教室でも担任の説明をぼうっと聞いているだけで、板書事項を書こうとしない子がいる。そんな子を素早く見付けて、ノートの記述をそっと促している。

　以下、ノート記録のための観点と対応策を、表にまとめてみた。

分担	どこを見る（観点）	どう指導（対応策）	留意点
T1	1　ノートの有無・開閉 2　板書事項の記入の有無	2）写し終えたら持って来させて○付け	板書の記録があるか確認
T2	1　ノートの有無・開閉 2　最上部に日付と頁 3　本時の課題・問題・めあてなどの記録 4　作業指示の内容記録 　　問題、設問、自分の考え、式、計算、答え、数直線、線分図など 5　書き方の書式に沿った書き方をしているか 　　a　文字の濃淡 　　b　文字の丁寧さ 　　c　ゆったりと余白とり 　　d　直線部分は定規の使用 　　e　自己評価 6　振り返りや学習感想の記録	1）ノートを開かせる 2）日付と頁数を書かせる 3）写すところは写させる 4）考えつかない部分を見付け、手がかりを与える 5）a　Bや2Bで筆圧をかけて書かせる 　　b　1マス1字、分数は上下1マス使用 　　c　上下は1行空け、左右は2マス空け 　　d　□枠囲み、筆算の横線、線分図、数直線など定規を使って直線を引かせる 　　　　すでに手書きしたところは消さずに上から定規をあてて直線を引かせる 　　e　正解を赤鉛筆で○付けさせる 6）書き出しの一文を例示する	・T1の指示をT2もよく聴いていないと子供に助言できない ・ノート書式や定規の線引きの助言は、その子に応じた対応が必要 きちんと確認したほうがよい場合、少しの助言で後は本人に任せるほうがよい場合がある

　できれば授業中における子供のノート状況をもとに、T1や担任に気になった様子を、口頭かメモ書きで伝えておくとよい。

　次時の授業対応や学期の評価の参考に役立てることができる。

§7　ほめ言葉・ほめ場面に替わるヒント

　教育現場では、ほめ言葉とほめ場面は必須の内容である。

　アマゾンで「ほめ方」を検索すると1000件以上、「子供のほめ方」で検索すると300件ほどヒットする。私の手元にも「ほめ方」に関連する書籍が10冊以上ある。

　例えば、次のような本である。

　ア　教育技術研究所『教育トークライン』臨時増刊
　　　「叱って育てる教育」VS「教えてほめる教育」

　イ　渡部図南夫『叱る教育ほめる教育』

　ウ　多湖輝『ほめる！知恵』

　エ　PHP研究所『やる気を引き出す！ほめ言葉ハンドブック』

　ここでは、そのような内容とは、異なる観点から述べてみる。

　究極の「ほめ言葉」とは、特別ほめてもいないのに、子供に喜びを味わわせることにある、と考えるようになった出来事を経験した。

1　5年単元「平均」の導入授業

①　A児との初めての出会い

授業は次のような流れで進んだ。

---

a　単元扉は「ならすってどんなこと」で、砂場の土や積み木の高さを平らにするような写真が提示されている。

b　展開部の冒頭、基本例題は6個のオレンジからしぼったジュースの量の1個分の量を求める問題である。

c　本時の後半は、ジュースの量の合計の計算の仕方を理解し、まとめが平均の意味とその公式化。

d　最後は練習問題2問。卵の重さの平均、魚の長さの平均を求める問題。公式にそのままあてはめることができる。

e　授業の最後は、「あかねこ計算スキル」でレモン4個、みかん7個の平均の重さを求める問題に取り組んで授業を終えた。

　少人数教室の子供たちにとっても、それほど難しさを感じさせない学習内容であったと思う。

　新しい単元になったので、前単元の授業期間とは、少人数教室のメンバーが一部入れ替わっていた。

　私にとっても、少人数で初めて出会う子が1人いた。A児である。

　A児は他の子供たち同様、熱心に取り組んでいた。

②　最初で最後の授業

授業が終了。間髪を入れずA児の声が聞こえた。

つぶやきではなく、周囲にも聞こえるような大きな声であった。

「ちょー、最高に楽しかった！」

机上の学習用具を片付け、椅子を机に入れながら、発声していた。

　A児にとっての“超最高”がどれほどの程度なのかは分からない。普通にまあまあ楽しかったことを、そのように表現しただけかもしれない。

　けれども、私の目の前で嬉しそうな表情で言っていたことには、間違いなかったのである。

　私もつい嬉しくなり、「そんなに楽しかったんだ。よかったねえ」と共感して受け止めた。

　すると、A児は「明日、転校するんです」と、全く別のことを言うではないか。

　笑顔でそう言うと、教室をさっと出ていった。

　私は、もうびっくりしてしまった。

　学級では、すでにA児とのお別れ会も終了していると、少人数教室にまだ残っていた同じクラスの子供が教えてくれた。

　しばらく感慨にふけってしまった。

　何はともあれ、A児と私にとって最初で最後の算数授業が、ほんのひと時ではあっても、最高に楽しい思い出になったことに、本当によかったなと思った。

　もしこれがつまらない、どうでもいいような授業だとしたら、A児はどんな気持ちで、この学校を去っていくのだろうかと、ちょっぴり考え込んでしまった。

2 「超最高」と言わしめた要因は何か

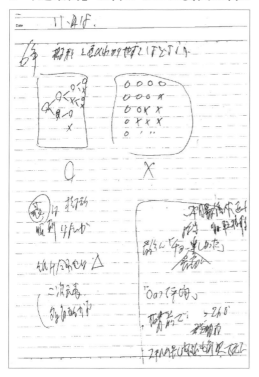

彼にそこまで言わしめた要因は、何であったのだろうか。

残念ながら、手元のノートメモには、詳細な記録を残していなかった。ノート四分の一のスペースに、なぐり書きで次のようにあった（左図）。

◆本日最後の大正小授業、明日転校する
　最後に「チョー最高に楽しかった」
　「○の（平均)」
　板書前でB児と2人が説明する
　スキルの「早く問題」（補充問題）も解決できた

僅かにこれだけであった。

しかし、この最後の2行のおかげで、おぼろげながらその授業の様子が浮かんで、振り返りができる気がした。

「板書前」の説明とは、デジタル教科書の画面のことである。

棒グラフの凸凹を、多いところから少ないところへ移動し、平らにならすことを平均と説明する学習である。

私はこのときに「説明してくれる人いますか」と尋ねた。

2人が挙手したので、2人とも前に出させた。そのうちの1人がA児で

あった。

　前に出た2人は、発表の順を譲り合っていた。はじめA児がB児に譲った。B児が説明する間、A児は前横で静かに聞いている。

　A児の番になった。「Bさんと似ていますが……」と自分の言葉で説明をしていた。

　そのときに、私は2人をほめたかどうかは、覚えていない。

「分かりやすい説明だね」とか、一言、評価したかもしれない。

　そして、授業が進み、あかねこ計算スキルを残り時間で行った。

　わずかな時間だったので、私が机間指導しながら○を付けて回った。

　A児はたしかに、頁の一番下にある補充問題も終わらせていた。

　そこに私が○を付けたのは思い出せた。

　そのときの補充問題は数値に0の数字がないので、合計を求めるのにも時間がかかるので、覚えていたのである。

　○を付けながら「最後の問題も終わったんだ」と、少々びっくりしながら、A児につぶやいたことも思い出した。

3　ほめ言葉に替わるもの

　直接A児をほめたかどうかは、どうしても思い出せなかった。

　説明のときやスキル問題を最後まで終わらせ、しかも他の人より早くできたことを評価したかもしれない。

　しかし、そうしたいくつかの言葉よりも、別の要因があったような気がする。

　それは、

> **1時間の授業を、自分なりの持てる力で精一杯やり切ったことへの達成感のようなもの**

ではないかだろうか。

　自分自身への充足感のようなものが、彼の口から言葉となって表れた、と私には思えてならない。

　教師は、そのような機会をつくっていくことが大切な仕事であると改めて思った。

　実はこのA児、4年生途中からの転入生であった。

　しかも要配慮の一面がある子であったようだ。

　転入当時、教室からどこかにエスケープすることが何度かあった。

　大きな問題を起こすことはなかったが、小さなトラブルで担任が指導する場面を私も何度か見かけた。

　A児自身も他の子供たちとなかなか馴染めないのか、一人遊びすることも多かった。

　そうしたA児を少人数教室の当時担当者であった有馬浩二氏が、いつも温かな目で見守ってくれていた。そのせいか休み時間になると、少人数教室に遊びに来ることも時折見られた。

　そんなときは、わずかな時間ではあったが楽しそうに過ごしていた。2人で面白いこと言い合いながら、談笑する姿も目にした。

　そして、5年生も半ばを過ぎ、ほとんど目立つような行動も見られなくなったとき、最初で最後の授業が行われた。

　ほめ言葉やほめ場面がなくとも、こうした機会をつくることがそれに替わることになるのかもしれない。

§8 教科書の問題　再テストのヒント

「整数のわり算」取り出し指導は、単元テストと教科書問題を活用した。

小学校での四則計算の最終形はわり算にあり、その習得は最重要課題と自らにも課す。「わり算の習得」状況について、3学期始めに4年〜6年の実態調査を行い、結果がよくない児童を対象児として「取り出し指導」を行っている。

1か月ほど、練習問題に取り組ませ、習熟定着を図っている。効果については第2章で紹介、ここでは次の4点について述べる。

```
1　実態調査の問題選定までの下準備
2　実態調査用問題例
3　実態調査から分かったこと
4　取り出し指導への対策
```

1　問題選定までの経過と下準備

2018年度2学期、4年担任から「単元テストで計算問題がよくできていない」との話を聞いた。そのテスト問題を加工して問題用紙を作成した。それを使い、2018年度、2019年度は実態調査を行った。

その問題用紙を、2020年度も使用するか作り替えるかを検討した。教科書が新年度版に替わったからである。それに伴い、単元テストの内容も変更されているだろうと考えた。

そこで、現4年のわり算単元テストや教科書を調べてみた。

①　単元テスト問題との比較

2020年度4年が使用した単元テストは、たまたま同一教材会社のもので、比較がしやすかった。

これまでの実態調査問題用紙と比べると、単元テストの計算問題10問の型分けは全く同じであった。最後の2問（教科書では、工夫して計算する小単元の内容）だけが数値の大きさが違っていた。

〈2018・2019年度使用の実態調査用問題〉
⑨ 8400 ÷ 700 = 12
⑩ 78900 ÷ 9000 = 8 あまり 6900

〈2020年度単元テスト問題〉
⑨ 2100 ÷ 70 = 30
⑩ 5000 ÷ 800 = 6 あまり 200

桁数が少なくなり、レベルダウンしている印象をもった。

②　教科書（東京書籍）練習問題の比較

前年度（2019年度）と今年度（2020年度）の教科書を比べた。

◆前年度教科書の練習問題（それぞれの型の最後の問題）

| A　わりきれる問題の3問目　　6800 ÷ 850 |
| B　あまりあり問題の3問目　　14800 ÷ 3000 |

※Aの解説があり、Aの問題が3問。次にBの解説があり、Bの問題が3
　問と別々に提示されているが、1頁内に合計6問記載。

◆今年度教科書の練習問題（それぞれの型の最後の問題）

| A　わりきれる問題の2問目　6800 ÷ 850 |
| B　あまりあり問題の4問目　9000 ÷ 700 |

※AとBの解説があり、問題は頁の一番下に各2問ずつ合計4問をまとめ
　て記載。

　わりきれる問題の数値は替わらず、同じ問題が残っていた。あまりあり
問題のほうは数値が小さくなっている。

　単元テストのレベルダウンの印象は、当然のことながら教科書の内容か
らきていることを確認した。

③　練習問題数の比較

　計算問題の数値が小さくなったことから、問題数も変化しているかもし
れないと思いつつ、問題数も比べてみた。

　4年のわり算単元(1)(2)で、問題数を調べた。

88

〈前年度（2019年度）〉

　単元⑴　÷1桁の計算問題　……107問

　単元⑵　÷2桁以上の計算問題……120問

　二つの単元で227問になる（巻末の補充問題は含めていない）。

〈今年度（2020年度）〉

　わり算⑴　÷1桁　……100問

　わり算⑵　÷2桁以上……93問

　合計193問で、前年度より30問以上少ないことが分かった。ただし、学習内容として扱う計算の型分けは変更されていない。

　2018年の実態調査用問題は、今年度の単元テストと比べても最後の難度が多少違うが、そのまま使えると判断した。

2　実態調査用の問題例

　問題用紙の構成は、以下のようになっている。

　①　実態調査用問題例（※商やあまりは整数でもとめる）

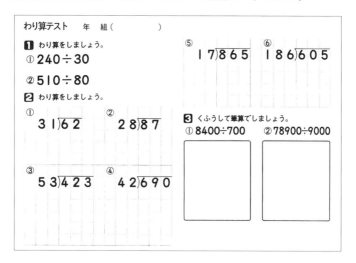

　②　実施手順

　5分から10分間で実施。全問解け終わらない子がいても10分間で終了。

　実施後、採点、集計、誤答例などの記録をし、得点が6割以下か未満の児童を取り出し対象児とする。

　なお、採点、集計などの記録を、手作業で行ったが、今後は端末機など
でスタディログとして活用するとよい。

　③　**作成した問題例の難度の吟味**

　2020年度、実態調査問題で、誤答数が最多の問題（上記のわり算テス
ト問題の3の②）は、4年生には少し難しかったかもしれない。

　前述のように2020年度の単元テストは2018年度に比べ数値が異なるが、
教科書の例題そのものは両年度とも全く替わっていない。

　〈わり算のくふう〉の例題②と③は、両教科書とも次の問題である。

---

　②　24000÷500の筆算のしかたをくふうしましょう。※あまりなし
　③　2700÷400の筆算のしかたを考えましょう。※あまりあり

　ちなみに判型が小さかった平成8年度（1996年）東京書籍教科書の例
題は次のとおりである。

---

　②　24000÷500の計算のしかたをくふうしましょう。
　③　2700÷400の計算をしましょう。あまりももとめましょう。

　これらから分かるように、1996年、2018年、2020年、どの年度の教科
書も例題の数値は全く変更されていなかった。

　こうしてみると、わり算学習に必要と思われる代表的な問題例は教科書
が改訂されても、ずっと使われていたことが分かる。

3　実態調査から分かったこと

　調査の結果、商の空位とあまりの0の処理にミスが顕著であった。

　例えば次のような→誤答例である。※丸数字は、10問の通し番号。

　②横式　510÷80＝6あまり30　→6あまり3など
　⑦筆算　865÷17＝50あまり15　→5あまり15など

　10問のうち、目立った誤答問題は次の最後の2問（くふうして筆算でし
ましょう）である。

　⑨8400÷700＝12　→120、1200
　⑩78900÷9000＝8あまり6900　→8あまり69、87あまり6

　以下は、一学級の結果を次のような項目形式で集計したものである。一
部の記録（得点や誤答例）を掲載した。

番号	名前	得点	問題①	問題②	中略	問題⑩	備考
1	A	30	800	700		87-600	
2	B	90		6-3			
中略							
34	Z	80				80-6900	
学年計		4695	13	24		34	
割合		71%	19%	36%		51%	

※得点は個人と下欄は学年合計と学年平均点を示す。

　問題下欄の数値は、誤答の学年合計とその誤答率を示す。

① 誤答率が最も高い問題

　最後の問題⑩がとくにできなかった。4年の誤答率はおよそ50%。

　次のように、⑩ **78900 ÷ 9000** の問題は、誤答が様々であった。

　87-600、8-69、2-6090、8-600、87-6、8-6900000、7-159、8-60、80-6900、8-69、80-69、800-6900、87-6、80-6900。

　わられる数、わる数の0を消して計算（どちらを100でわっても商は変わらないというわり算の性質を利用）する方法である。

　これは今年度（2020年度）の4年生にとっては無理のないことで、教科書には78900 ÷ 9000という5桁÷4桁（あまりあり）の問題は無く、9000 ÷ 700という4桁÷3桁までの問題である（※前年度教科書はあり）。

　筆算手順がきちんと身に付いていれば、素直に計算して答えは8あまり69となり、あとは0を二つ付けることで正答を導けたはずだ。

　ただし、今年度教科書の練習問題では、除数の0の方が被除数よりも少ないか同数になっている。つまり、78900 ÷ 9000は除数が被除数より0の数が多いことで、両方の0をいくつ消せばよいか迷ってしまったことが考えられる。

　※なお前年度（2019年度）には **14800 ÷ 3000** の問題があり。

　4学年全体では、8あまり69の誤答は5人だが、6年では20名いた。同じ誤答でも、6年生は計算途中まで正確にできていた。

② もう一つの誤答率の高い問題

　二番目に誤答率が高いのは横式問題の1の②510 ÷ 80 ＝ 6あまり30で、これを6あまり3と答えてしまう誤答がとても多かった。

　例えば、4年は11人、5年6人、6年12人と、どの学年でも多かったという状況である。

　横式の0を消して、暗算で51÷8をすると6あまり3なので、あまりの3に0を付けないで、そのままにしているわけである。

　これらのミスを防ぐには、やはり計算前の答えの見積もりや検算（わる数×商＋あまり＝わられる数）が大切であろう。実際に、問題の横に検算の跡が残っている子が何人もいた。

③　さらに細かな誤答分析

　誤答は大別すると手続き上のミスと単なる計算ミスとがある。

　後者は、かけ算九九、ひき算、くり下がり等に見られるミスである。

　前者は、仮商の位置をどの位の上に立てるのか、空位の0を付けない、工夫しての計算で0の消し方、あまりに0の付け忘れ等である。

　誤答傾向はこれらのどれに顕著に出ているかをつかむことが、次の指導のために貴重な資料となる。

4　取り出し指導への対策

　例年、取り出し指導後の再テストで、対象児は確実に向上が見られた。本年（2020年）も対象児を選び、練習プリントに取り組ませていった。

　以下、次の三点について述べてみる。

① 　対象児の選び方
② 　取り出し指導の内容
③ 　A児の取り組みと変容

①　対象児の選び方

　取り出し指導をする子は、次の複数の基準に沿って選んでいる。

a　実態調査用問題の得点状況（自動的に6割以下か未満の子） b　計算技能のレベル（計算手続きは分かるが、単純に計算ミス） c　得点4割以下の子（計算技能のいくつかの面でつまずきあり）

　まずは得点でaを対象児とする。得点だけで決めると対象人数が多くなる場合、60点の子の誤答状況を見て、単純な計算ミスの場合は、対象から外すことを検討する。

　絞り込んだ対象児のうち、得点4割以下の子は、重点対象児として、プリント練習だけでなく、個別指導しながら、つまずき状況を把握し、ステップバイステップで、正答に導くように指導する。

②　取り出し指導の内容

> ア　時間……給食準備中の15～20分間（給食当番は当番優先）
> イ　場所……算数少人数教室
> ウ　課題……練習シートを1枚合格させる。

ア　取り出し指導の時間として、最も適切なのは給食準備の時間である。休み時間や放課後は避けている。

イ　4年生の教室の隣が、算数少人数教室になっているので一番都合がよい。密にならないように、机の隣や前後の間隔をあける。

ウ　練習シートは、合格するまでに、横式シートと筆算①～⑥の計7シートが用意されている。給食準備が始まると、教室にやって来た子から、自分の課題を取り出して、すぐに問題に取り組む。

　担当者が○付けをする。1枚が合格したら次に進む。一日1シート進めれば終了とするが、早目にできた子は2枚目も挑戦させることもある。ただし、給食開始までには、教室に帰す。

〈練習シートの作成〉

　練習シートは、前年度教科書のわり算(2)単元の練習問題120問すべてを網羅するように、教科書の型分けに沿って作成したもので、問題用紙が28枚分になる。そのなかから単元テスト問題に対応する14枚を2枚ずつ組み合わせて7シート作成した。

▲横式シートの問題例一部（何十・何百÷何十のあまりなし、あり）

(1)　①80÷40　②120÷30　③160÷20　④280÷70　⑤560÷80

　　⑥540÷90　⑦300÷60　⑧400÷50

▲筆算①シートの問題例一部(3)　2位数÷2位数のあまりなし

　①84÷21　②39÷13　③63÷21　④68÷34

　なお、計算過程の数字が方眼の中に書けるように、マス目もはっきりと分かるようにした。とくに筆算では、子供たちに位をそろえて書かせるためには、どうしても必要であった。

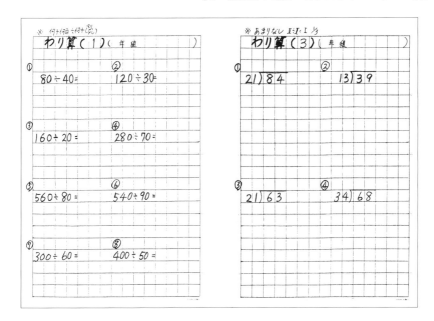

〈個人カード・進度表〉

　練習シートが合格すると個人カードに貼り付けて累積していく。

　教師側は対象児を一覧にした進度表に、その結果を記録していく。

　進度表の記録は、1回目に100点合格になると○を付け、同じ問題で2回目も合格したら◎にする、という記録形式である。

　このようにして、担当の教師が代わっても、それぞれの子供の進み具合が分かるようにした。

③　A児の取り組みと変容

　コロナ禍の影響と家庭の都合で2学期前半ほとんど登校できなかったA児。わり算単元はあまり学校で学習していなかったという。

　登校できるようになって、単元によっては少人数教室に来ることが多かった。その時の様子を見ても、わり算の計算等は未学習の状態であった。

　3学期の今回の実態調査でも10点で、商やあまりはほぼでたらめに書いていた。A児は取り出し対象児として取り組むことになる。

　2月に入り、およそ20名の対象児のうち、実態調査時に60点に近い半分の子から始めることにした。

このときＡ児は給食当番のため、参加できずにいた。

給食準備時間になり、対象児が少人数教室にやって来た。

その子たちを迎えながら、ふとドアの方を見ると、ドアに隠れるようにしてＡ児がみんなの方をじっと見つめていた。

私はその姿に、Ａ児の十分なやる気を見ることができた。

そこで、後で声をかけた。

「皆と同じ時間はできないけど、休み時間に来てやってみる？」

彼は「はい」と即答し、÷１桁のプリントで始めた。

３回ほど行い、次のところ（下記左）まで進めた。÷１桁はもうできると判断し、皆と同じ練習シートを始めることにした。

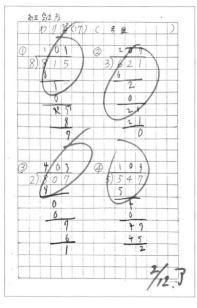
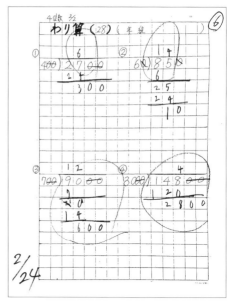

給食当番の週を終えて、÷２桁練習の対象児と合流する。

仮商を立てる位置やあまりの０の処理など、いくつか個別指導も必要であったが、２週間ほどで全部の練習シートに合格した。

１月調査の10点が、３月５日の再調査では60点に向上した。

§9 日常使う計算スキル教材の選び方

良い教材を選ぶためには、観点を決めて比較検討する必要がある。

1 計算スキルの比較検討の観点を設ける
2 スキル教材を選ぶ基準をどこにおくか
3 計算スキルの問題数の吟味

1 計算スキルの比較検討の観点を設ける

下記表中の観点以外にも名称、判型、表紙キャラクター、十字リーダーの有無、教科書の目次頁の有無等の観点を設けた。

〈6年スキル教材の観点の一部対比〉

教材	定価	頁数	使い方（ステップ）	方眼趣旨	教科書頁
A	350	47	きほん・練習・チャレンジ	学年や単元内容にぴったり	目次になし×
B	350	43	たしかめ・練習で力をつける・チャレンジして理解を深める	×方眼なし	×
C	340	31	確認・練習・やってみよう	筆算全て方眼	目次に表示あり
D	360	42	かくにん・練習・おかわり（補充）	書きやすい	×
E	350	39	たしかめ・力を付ける・力を伸ばす	きれいに書ける	×
F	500	47	確認・練習・確認テスト	書きやすい	×
G	350	52	確認となぞりで練習・ステップ2	全頁方眼	×
H	360	53	コースを選ぶ・問題を解く・答え合わせと残りの問題を解く○付けとシール貼り	計算しやすい	目次に表示あり

　スキルの名称には、力、はなまる、ぐんぐん、まんてん、アップ、S（スーパー）、のびのび、あかねこ等の言葉に、各社の期待が込められている。

2　スキル教材を選ぶ基準をどこにおくか

　学習内容頁は、前掲の対比表のように、三つのステップに分かれるものがほとんどである。ここでは、これとは異なる基準を吟味する。

　1）　表2の「スキルの使い方」
　2）　扉の目次
　3）　書き込むための方眼
　4）　最後まで工夫された裏表紙

1）表紙裏の「スキルの使い方」は本文との対応を吟味

①　使い方と本文の不対応

　今年度版の「使い方」頁を比較していて、あれっと思った。例示されている頁番号の本文を開くと、なんと例示内容と本文内容が対応していない教材があった。

　例えば、5年の計算スキルで調べたとき、表2「使い方」と本文が対応しているのは3社で、他の3社は対応していなかった。

　「使い方」に「16.小数×小数」の頁の問題が例示されているが、本文の16頁を見ても、他の小数のかけ算頁を見ても、同様の内容がない。

　これでは教師や学習者に不要な混乱を招くばかりで、すでにこの段階で学習者軽視を感じ取る。

　さらに驚いたのは、このスキルは2年教材では対応していたのだ。学年によって執筆者が異なり、統一がなされていないということなのか。そのような教材づくりでは、優れたものができるはずがない。

②　望ましい「使い方」

　もちろん、使い方の例示と本文頁内容が全学年とも対応している教材がある。さらに、視線の移動がほぼ上から下に向かうだけで済み、横に曲がらずに、読みやすく、かつ分かりやすいレイアウトの教材がある。

　つまり、ここを見れば、何をどんな手順で作業すればよいのかよく分かる。作業指示に番号まで付けて、順番を具体的に示している教材もあり、「スキルの使い方」というわずか1頁ではあっても、教材づくりの本気度・優劣が反映される。

　国語辞典でいえば、「凡例」にあたる重要かつ必須の部分であり、重視されなければならない。

2）目次には、本文内容の詳しい一覧がほしい

　例えば、単元「文字と式」は時間数が少ないためか、ほとんどの教材はタイトルが1行しか示されていない。教材によっては、4行にわたり、①文字を使って、数量の関係を式に表す。〜④わからない数量を文字を使って表し、数量の関係を式に表す。と具体的に各頁で取り組む内容がきちんと明示されているものもあった。

　しかもそれは見出しのタイトルの黒字に比べて、小さな青字なので、ほとんど気にならないほどで、うるさく感じさせない。

　また、目次の単元内容のタイトルに対応する教科書頁が示されていると使い勝手がよい。スキルだけでなく、教科書も含めて確認をするときに案内役として活用できる。

　本文の頁のところだけでなく、あまり目立つことがない目次頁にもこうした小さな配慮がされている教材は貴重である。

3）方眼は学習上で必須の合理的配慮である

①　方眼の原則

　方眼採用については、ほとんどの教材が重視し強調している。

　例えば、三つのポイント（位取り、ノートの使い方、○付けしやすい）があると強調する。そのほかにも、四則のすべての筆算対応、横算や分数にも役立つ、そして文章題や図形単元の計算もきれいにできる、という具合である。

　私も、方眼は全面的に採用すべきと考えている。ただし、細かく調べると検討すべき事柄も見えてくる。

　例えば、方眼線の濃淡である。1社のみ薄目で他教材はすべて濃く感じた。あまり線が濃くなるとかえって書き込みしても子供の文字が見づらくなる場合がある。筆圧が弱いためか、文字が薄い子は結構目立つ。

　方眼線の濃淡は一律にするのではなく、例えば対称の図形で用いる方眼線と、分数計算で用いる方眼線の濃淡に違いを付ける。

　単元内容に応じて濃淡を付けることが合理的配慮の一つになる。

②　苦手な子への配慮

図形が苦手な子には、方眼があると助かる。

例えば、線対称を選択する問題や対応する点を見付け出す問題でも方眼が付いていると便利だ。方眼のない無地の上に図形がある問題では、前提条件として、対称の軸が示される。これがあれば、折り曲げたときに重なるところが対応する点になることが予測できる。

けれども、方眼があれば対称の軸から垂線の延長上を方眼の数で確認できる。無地だとそのような確認ができず、念頭で思い描くしかない。苦手な子にとっては、自力で確認できる配慮がほしい。

4)　裏表紙にも、直接役立つ工夫を

スキル裏表紙（表3・4）には、付録的な内容がよく使われる。シールを貼る進度表やスキルが終了した証しの賞状のようなものがある。

しかし、この部分でも日常スキルを使う子供たちにとっては役立つ付録であってほしいと考える。進度表や賞状もよいが、ノートの書き方例なども役立つだろう。

最近、とくに役立っているのは、「かけ算九九表」の付録である。

算数少人数教室に来る子にとって、これは必須のアイテムである。裏表紙に飛び出し部分が付いている。しかも本文頁に挟み込みができるように折り目が付いて曲げられるようになっている。活用度が実に高い。

3　計算スキルの問題数の吟味

日々の授業で使用することになるスキル教材は、中身の要素はもちろん大切であるが、実は頁数とそれに連動する問題数の吟味も必要である。

1)　問題数を意識するようになったきっかけ

2016年度、少人数教室T1担当になった最初の1年目は、その前年までの教材「S」を踏襲した。その1年間を使用してみて、現在使っている「M」と「S」を比べてみて気付いたことがある。

最も気になった点は、Sは問題数が多いことであった。

子供たちのなかには、3月下旬になってもSをやり終えない子が何人もいた。とくに学習意欲に欠ける子が多い4年生は目立った。

年度末最後の週になっても、他のコースの子でSと「くりかえし計算ド

リル」を終わっていない子供たちが少人数指導の教室に来て、必死になっ
て消化していたことがある。

　そこで、Sと2017年採用Mの問題数や頁展開を比べてみた。

ア　頁数は同じだが、問題数はSのほうが70問も多い。ただし、補充問
　　題を加えると、Mが多くなる。

イ　1頁あたりの問題数がMのほうは、5問、10問、2問などほぼ固定し、
　　安定している。

ウ　かけ算・わり算の筆算の計算過程に、Mは全頁にマス目有りで、Sは
　　1頁しかない。

エ　Sの特長に、4マス関係表・式があるが、少人数教室の子には、この
　　理解が難しい。

オ　数直線の提示が、MのほうがSよりもシンプルで分かりやすい。

　問題数の多少は、1冊をきちんとやり終えるかどうか最重要の目安であ
る。Mの場合、本問の中ですべてのタイプの問題を網羅しているので、
最小限これだけすればきちんと履修したことになる。

　しかも「補充問題」がほぼどの頁にもあり、個人差に対応する。遅い子
にも早い子にも調節が可能となる。できない子でも、時には多い数の問題
を進めることができる。

　Mは問題数が少ないとの心配も、補充問題で十分カバーできる。

2）今年度（2020年度）の場合

　次の表は、前掲の教材のうち45頁以上の4教材の単元頁数と問題数。そ
して、五つ目の枠にもう一つ本校で以前採択されていた前述の教材S（今
年度版）を加えた。

　上段は単元頁数、下段は頁内問題数である。（　）は補充問題数。

	復習	対称	文字	比	まとめ	合計	平均
A	1 p 10問	6 50	4 30	6 49 (2)	3 22	47 366 (49)	7.78
F	2 20	7 43(10)	4 25(15)	8 63	1 10	48 366 (57)	7.62
G	3 20	3 30	4 28	8 59 (1)	4 20	51 320 (15)	6.27

H	1 10	8 40(16)	7 38(10)	8 51(22)	3 24	53 318　(93)	6
S	4 25	5 40	3 20	6 52	2 20	41 311　(80)	7.5

※合計欄の数値は、省略した四つの分数単元の数も含んでいる。

①　数値の検討

Hは苦手な子にも得意な子にも配慮されている。

頁数は53で最多だが、問題数318は二番目に少ない。遅れがちな子にとってはありがたい。さらに補充問題が多いということは、得意な子にとって長所にもなる。早く終わった子のために充当できるからである。

Hの場合、本問の中ですべてのタイプの問題を網羅するので、最小限これだけすればきちんと学習したことになる。しかも「補充問題」がほぼどの頁にもあることが、先に述べたように重要である。

②　負担の少ない教材

1頁あたりの平均問題数は、Hが最も少ない。

ただし、これには条件があって、授業の終わり数分を使い、その授業に対応するスキルの頁をこつこつと進めていく必要がある。それをしないで、時間があるときにまとめてさせるとか、宿題でやらせるという方法はこのH教材ではしない。ここにユースウエアの問題が生じてくる。

Hの場合は、学習システムとして「授業の終わり約5分を計算スキルに取り組む時間」としている。

少人数担当2年目のとき、3年〜6年はH教材を採択し、算数苦手な子が「Hのほうが早く全部終わらせた。使いやすい」と話していた。

3)　問題数と計算力の関係について先達の言及

算数授業で300校を全国行脚された故高森敏夫先生の著書『算数が好きになる教え方』（東京書籍）には、問題数の大切さが記されている。

わり算の計算力を付ける比較実験授業を行ったところ問題数が少ない意味理解中心の学級群のほうが余裕が生じ、取り組みが丁寧であった。ミスの要因をつかみ、誤りが改まるし、期間をおいた再調査でもその計算力は落ちていなかった。

一方で問題数が多い機械的な練習群は、数をこなすことに力が向けられてしまい、容易にミスが変わらず、期間をおいた再調査では少数問題群よ

りも得点が下がってしまった、という。

　なお、前者の群のなかにどうしても改善しない子がいたので、高森先生はその子を自宅に呼び、個別指導を行った。その際には九九表を持たせ、それを見ながら練習をさせた。とくにできない問題には印を付けて練習させたり、ひき算やわり算の仕方に注意させて取り組ませたりしたところ、2週間で平均まで引き上げることができた、という。

　九九表の使用やできない問題への印付けなど、高森先生は、向山型算数と同じような指導をされていたことを知った。

§10　学級担任との連携及び少人数教室の掲示物

1　学年で共通理解を図る目安としての参考資料
1）個別指導をする際の気がかり
　子供たちのノートをのぞき込んで気になることがある。例えば次のようなことである。

---

a　くり上がり・くり下がりなどの補助数字を、どこに書かせるか
　（詳細は、§4の個別指導を参照）
b　作図の誤差は、どの程度の許容範囲にするのか
c　定規はどの程度まで使わせるのか
　（横線、縦線、斜め線、筆算、分数、等号など）
d　文章題は3点セット（式、筆算、答え）で書かせるのか

　こうした細かな具体的な部分は、個別指導の観点や、学習内容や技能の定着という観点からも、教員・学校全体で共通理解を図る必要がある。
　勤務校の少人数教室では、指導上の共通理解事項を、年度始めに担当者が文書資料として提案をする。
　私が2016年に少人数教室担当になった時も、すでにその資料はできていたが、その後、私からも追加提案等をして共通理解を図ってきた。

2）個別指導に関わる内容としていくつか挙げておく
　①ノート指導……詰めずに、余白をとってきれいなノート作りを心がけ、例示を次のように挙げる。
　　ア　問題と問題の間は、1マス分、1行分空ける。
　　イ　筆算は位をそろえて1マスに1字で記入する。
　　ウ　分数表記は分母と分子で2マス使う。
　②評価テストと採点基準
　評価テストの〇付けは学年担任が行う。そこで、採点の基準にばらつきが出ないように目安としての採点基準を設けるようにした。
　算数については、当時算数少人数教室担当（T1）の私が、次のような提案をし、共通理解を図るようにした。

　この基準が、普段の授業の個別指導にも反映されることになる。ただし、基準といっても厳密な設定ではなく、まずは、一つの目安として共通理解していくところから出発した内容である。

　ア　数字の表記について
　　曖昧な表記に注意する。　例・6に見える0、0に見える6。
　　日常指導が重要（日々の点検とテストで、不明の字を書けば×になることを指導しておく）。低学年のうちにできるだけ厳格に。
　イ　文章問題について
　・立式は正しいが、（答え）をミス。
　　例・4＋2＝7（7本）　→　式のみ○で配点する（1～5年）。
　　　　6年見解　→　等式が成り立たないので得点にはしない。
　　　　　　　　　　　ただし4＋2のみなら○。
　・答えの単位抜かし・単位違いは、その答えにならないので×。
　・問題文に出ていない数値を、立式でいきなり使う場合。
　　……内容に応じて○か△にする。
　　例・半ダース120円の鉛筆1本分の代金　→　120÷6＝20（○）
　　　　・直径10cmの円の面積　→　5×5×3.14（○）
　　　　・複合図形で長さが出ていない部分の数値を立式で用いる。
　　　　　→　（込み入ったもの　○か△）
　ウ　量の測定の許容誤差
　　例・直線の長さ（測る・かく）　→　許容誤差1mm程度。2mmは×。
　　　　・角の大きさ（測る・かく）　→　許容誤差1度程度。2度は×。
　　　　ただし、すべての児童に一律に課すのではなく、使用用具の状態や発達の個人差を考慮することはあり得る。
　エ　その他
　・（答え）に書く分数の表記は仮分数のママか、帯分数に直すか。
　　　→　教科書に準拠。答え方に指示がない場合は、仮分数・帯分数のどちらも可。ただし、整数＋仮分数（例2と5/3）は×で、3と2/3に直す。
　・数直線図のかかせ方　→　教科書に準ずる。

2　担任やT1との連携

　とくに机間指導中に、子供の様子で気付いたことを授業後に簡潔に報告することがある。

　その場合、よかった点や課題らしき点を伝えるようにする。

〈よかった点の事例〉

　通常の教室で担任がT1、私がT2として入った授業のとき。

　3年「小数のしくみ」の授業で、担任は黒板に位の部屋を作り、次のように板書していった。教科書例題は147.2の数値。

　（位を表す言葉は実際は縦書きで、7と2の間に小数点があり）

	十の位	一の位	小数第一位
	4	7	2

　このとき、担任は右の小さな位の部屋から言葉を書いていった。そして十の位まで書いたときに、別の説明をし始めたのである。

　T2の私は、机間巡視をしながら子供たちのノートをのぞき込んだが、どの子も十の位まできちんと写し取っていた。

　ところが、いつも端の席で静かにしている1人が、次に書くであろう「百の位」を先回りして書いていたのだ。

　私は、「先生がまだ書いていないけど、書くと思ったんだね。すごいねえ」と小さな声でほめた。

　その後、担任は忘れてしまったのか「百の位」を書かないで授業を終えた。

　終了後、担任に「先生は子供たちから言葉を引き出そうと考えて、意図的に空けておいたのですか」と尋ねた。

　担任は「あ、忘れてました」と言うと、その子のところに行き、ノートをのぞき込み、何やら話しかけていた。

　T2として、一人一人のつまずき指導はもちろん必要だが、このように子供のよい面を発見し、担任やT1に伝えていくことも同様に大切であることを実感した。

3　教室掲示物を子供と共に活用する

　授業中に既習事項の確認をする事がよくある。手元の教科書でできれば
それでもよいが、中には年度がまたがる場合もある。そのようなとき、掲
示物が活かされる。

　少人数教室の壁面掲示は、歴代担当者の尽力による。

　本校に長年勤務し、算数少人数教室を実質的に起ち上げた中嶋伸子氏、
小島宏氏の算数研究会で、長年研鑽を積まれている鈴木晴美氏。

　この両氏が作成してくれたおかげで壁面掲示や授業の拡大掲示などの資
料が数多く蓄積されてきた。次の掲示はそのごく一例である。これ以上に
数年間の掲示物がストックされている。

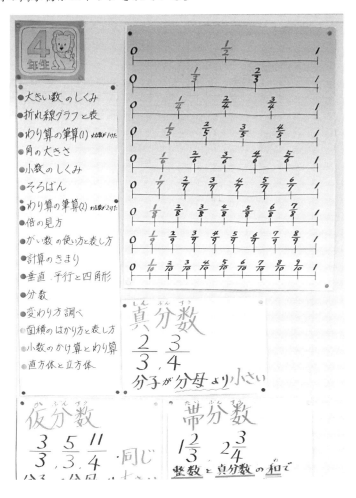

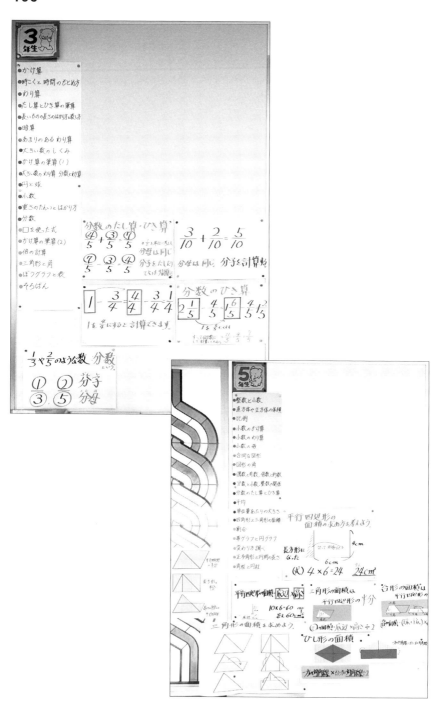

これらの写真は算数少人数教室の側面掲示である。

学年の表札下に、年間指導計画の単元名一覧表がある。

単元名の頭には、色別の丸シールで、学期が区別されている。

その他、その時々の学習内容に関するポイントの部分を、とりわけ理解の促進と内容の定着化をねらって、資料が作成・掲示される。

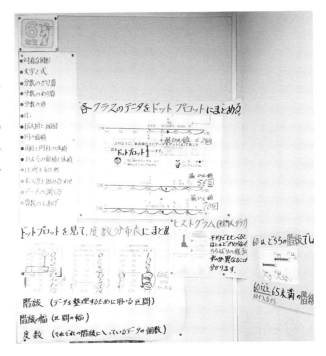

6年の壁面には、新学習指導要領で新たに導入された内容「データの活用」もすでに、ドットプロット、階級の幅などいくつも重要項目が掲示物となっている。

また教室後方には、各種図形とその名称、面積の公式や単位換算など覚えておく必要のある項目を一覧にした掲示物もある。

授業中に前時に学んだ、公式や解き方を思い出せないとき、「あれを見てごらん」と掲示物に注目させ、内容を想起させる。少人数教室ではそのような繰り返しがよく行われる。

また授業終了後も、内容確認のために何度か眺めていく子もいる。

私も子供たちと共に毎時間活用する、貴重な教材である。

第5章　授業では分かってもテストができない子の要因

　授業では分かっていたつもりが、実際のテストでは点数がとれず、結局あまり分かっていなかったということがある。

　この要因は私の経験知からいえば、次のように考える。

> 「解き方練習の、回数と時間の不足にある」

　以下、自分の授業を通して述べてみる。

1　本時の授業の流れと子供の様子
2　子供のノート記録を確認する
3　つまずきは設問の読解にあり
4　解き方練習の工夫

　６年比例の授業でT1を担当した。我ながらまあまあの授業ができたかなと思った。板書もしっかりとらせた。

　これなら、練習問題をテストしても大丈夫だろうと思い、授業最後5分間に、計算スキルを念のためにミニテスト形式で取り組ませた。

　ところが、始まってみると途中の問題で、子供たちはつまずいてしまった。これは一体どうしたことなのか。私は悩んだ。

1　授業の流れと子供の様子

①　授業前の出来事

〈2020.10.22　６年比例　2h/15〉授業メモより

　2組のM先生が、1組が理科の実験で遅れると報告に来てくれた。（そのため、本時は10分遅れで授業を開始する。）

　ついでにと、次の質問をいきなり受けた。

　「本時の内容で、指導書の解説記述にある "比較量÷基準量＝割合" を扱うべきか迷っている」

　「Bコースの子供たちには難しいので扱いをためらう」とのことであった。

　私も即座に同意して「その解説の公式よりも、**基にする量でわること、基にする量を分母にすること**を強調したほうがよい」と助言した。

　実は、私も本時の導入を前時の表のおさらいから扱おうと考えていた。

　けれどもM先生の言葉でそれを止めて、本時の導入は別の工夫をして始めることに決めた。

　Bコースの子供たちでさえも難しいと思われているのに、私が担当する少人数教室の算数苦手な子らはなおさら難しいと予想される。

　しかも、時間は10分遅れで始め、計算スキル14も終わらせるつもりなので、導入の扱いも工夫してテンポよく進めるしかない。

　M先生と話しながら、直観的にそう考えた。

　結果的に30分ちょっとの授業で、本時の学習内容を教科書分は終えて、残り2分で、スキルに突入することができた。

②　前時と本時の導入

　あわただしい中の本時導入の前に、前時の授業導入を少し紹介する。

〈2020.10.21　6年比例　1h/15〉授業メモより

水の時間X分	1	2	3	4	5	6	7
水の深さYcm	4	8	12	16	20	24	28

　この表では、2が1になる（0.5倍：1/2）とき、8も4になる（0.5倍：1/2）ことの理解。

　しかし、子供たちは何倍かになる計算が分からなかった。混乱した。

　これまで比例関係では、常に1から出発したので×（かける）□倍で求めることができた。ところが、今度は1のほかのどこからでも何倍か計算できるようにしなければならない。

　以上が、前時の導入内容であった。

　そして、以下が、その次時の授業であった。

水の時間X分	1	2	3	4	5	6	7
水の深さYcm	4	8	12	16	20	24	28

　教科書ではXの値が3から1へ　（山なりの）→　が1/3倍、

　3から5へ　（山なり）→　が5/3倍、となっていた。

このまま分数倍で理解させるのは、時間がかかると考えた。

そこで前時の復習の1/○倍の数値を扱おうとしたが、前述のように授業開始が10分遅れのため、急遽変更し、易しめの発問にした。

> 3から6に　（山なり）→　を書き込んで、これは何倍しているのか

と問うと、「2倍」と子供たちは答えた。

次に、「2倍を求める式は？」と尋ねると「6を3で割る」とすぐに反応。

そこで、矢印の先の6を基の3で割ればよいことを強調した。

それから、教科書の3から1へ　→　が1/3倍、3から5への　→　が5/3倍もそれぞれ、1÷3、5÷3で求められることを確認し合った。

そして、授業は一気に進み30分で終えたのである。

2　子供のノート記録で確認する

この時の子供のノートは次の通りである。

少人数教室の12名中、教室内での上位児童と下位児童の、両者のノートを紹介する。

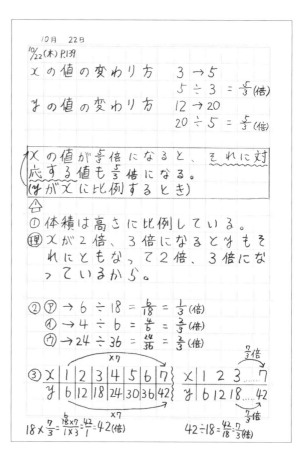

x の値の変わり方　3 → 5

$5 \div 3 = \dfrac{5}{3}$(倍)

y の値の変わり方　12 → 20

$12 \div 12 = \dfrac{12}{12} = \dfrac{5}{3}$(倍)

x の値が $\dfrac{5}{3}$ 倍になるとそれに対応
する y の値も $\dfrac{5}{3}$ 倍
(y が x に比例するとき)

①体積は高さに（ 比例している ）
理 x が2倍、3倍になると、それにともなって y も
2倍、3倍…になっているから。

②
⑦ $6 \div 18 = \dfrac{6}{18} = \dfrac{6}{18} = \dfrac{1}{3}$(倍)
④ $4 \div 6 = \dfrac{4}{6} = \dfrac{4}{6} = \dfrac{2}{3}$ 〃
⑨ $24 \div 36 = \dfrac{24}{36} = \dfrac{2}{3}$ 〃

　とくに前者のノートの最後には、次の計算スキルでのつまずき部分が、授業では扱われていたことが分かる。後者の子は、ふだんほとんどノートを取らないことが多く、これだけ書いているのに驚いてしまった。その喜びで、前半部の漢字や計算式の間違いを私は見逃している。

3 つまずきは、表の見えない部分より設問読解にあり

　授業残りわずかな時間で、本時の学習内容に対応する計算スキルの問題をテストした。

　子供たちの様子を見ていると、次のようであった。

　①～③はどの子もできたが、④でつまずいてしまった。

　④ができないと、⑤に進めない。

　④の設問は「縦の長さが8cmのときの面積は、縦の長さが3cmのときの面積の何倍ですか」である。

| | 10. 比例と反比例 | 📖136〜140 | ⏱2〜4分 | 勉強した日 | 月　日 |

14 **比例の性質**

■2問コース（1つ50点）☐　■5問コース（1つ20点）☐　　　　点

📖　下の表は，横の長さが4cmの長方形の，縦の長さ x cmと面積 y cm²を表したものです。

		$\frac{1}{3}$倍	$\frac{1}{2}$倍		$\frac{3}{2}$倍	
縦 x (cm)	1	2	3	4	5	6
面積 y (cm²)	4	8	12	16	20	24

$\frac{1}{3}$倍　②倍　③倍

❶ 長方形の面積は縦の長さに比例していますか。答えに○をつけましょう。

（　　　）比例している　（　　　）比例していない

❷ x の値が $\frac{1}{2}$ 倍になると，y の値は何倍になりますか。

　　　　倍

❸ x の値が $\frac{3}{2}$ 倍になると，y の値は何倍になりますか。

❹ 縦の長さが8cmのときの面積は，縦の長さが3cmのときの面積の何倍ですか。

❺ 縦の長さが8cmのときの面積は何cm²ですか。

早く終わったら　やってみよう！

　右の表は，正三角形の1辺の長さ x cmとまわりの長さ y cmを表したものです。

1辺の長さ x (cm)	1	3	5	7	9
まわりの長さ y (cm)	3	9	15	21	27

⬆ 1辺の長さが10cmのときのまわりの長さは，1辺の長さが3cmのときのまわりの長さの何倍ですか。

⬆ 1辺の長さが10cmのときのまわりの長さは何cmですか。

つまりXが8とは、表に数値が示されていない。それよりもこの設問の意味を子供たちが的確に読み取れなかったのである。

縦の長さや面積、そして何倍か、と問われても何を答えるか混乱してしまったのだ。

前者のノートを見ても分かるように授業では最後に③の問題で扱ってはいたが、その解き方の練習が不十分であった。

前頁は、最後2分間で行った計算スキルの頁である。

4　解き方の練習を工夫する

授業で行ったような解き方を、次の授業時間で再度練習する。

問題設問から、表上段の縦の長さ3と8だけに着目する。そして「縦の長さ8cmは、縦の長さ3cmの何倍か」と文意を読み取る。

この8は表には見えていない部分であるが、上段の欄外に8を書いてもよい。そうすれば、3から8へ山なり→が引ける。

そこで、基にする数を3として、次のように考えていく。

$3 \to 8$……$8 \div 3 = 8/3$つまり8/3倍の関係である。

まずそれだけを考えればよい。

このとき面積も一緒に含めて考えるから、混乱を招いたのである。

次に、それを表下段の面積に対応させると

$12 \times 8/3 = 32$　答え32cm²となる。

比例を倍の関係で捉え直して、「求める数値を、もとにする数でわる」ことを幾つかの関係を例示しながら、理解に至らせる練習問題数が必要であった。

A・Bコースの児童なら、教科書の展開を一通り扱えば、他の問題も転用可能だろう。しかし少人数教室の子らは、一通りではなく、個人差にもよるが、いくつか類題を繰り返し練習させる必要があった。

問題の数値を、1回1回変えることも大事だが、今回の場合は、設問の読み取り方や切り取り方も教えないといけなかったのである。

算数が苦手な子供たちは、習熟と定着には他コースの子供たちよりも、回数と時間が多くかかることを強く自覚すべきであった。

第6章　デジタル教科書を授業で活用する展開術

　デジタル教科書は、子供たちの集中や理解をサポートするために、大いに活用すべきツールである。少人数なので、全員が画面をはっきりと見ることができる。

　算数少人数教室で活用していて、とくに効果があると思ったのは、次のような点である。

1　拡大提示
2　部分の切り取り
3　操作性
4　変形する
5　書き込み

　私にとって最大の利便性は、拡大して見やすくできることである。

　課題の提示、目盛りの拡大、頁内の一部分の切り取りなど、子供たちを一瞬にして引き付けることが可能である。

　教師が板書する間の空白時間を解消できるのだ。

　この1から5までのどれも十分に使いこなせるようにしたい。

　とくに次の学習内容では、デジタルの活用度が高いことを実感した。
〈各領域に共通する良さ〉

　課題を瞬時に提示することで、子供たちを一気に集中させる。

　そのあとで、その内容を簡潔に板書して、写させる。

　その他、領域ごとに主な内容を示す。

◆数と計算
　a　四則計算の練習問題が終わっても、教科書には無い補充問題で繰り返し練習ができる
　b　わり算の等分除や包含除で、ドット図の移動操作ができる

◆図形領域
　a　ツールのコンパス、分度器、定規で測定や作図を画面上でできる
　b　垂直線や平行線の理解
　c　作図の手順をアニメーションや動画で確認

　　（これについては平行四辺形の作図学習で、自作プリントを同時併
　　用しながら授業を試みた。次節参照）
　d　展開図では、立体からの開閉や回転ができたりするので重宝。また、
　　それらの部分を拡大して利用する
　e　図形の求積問題で、等積変形で切り取って移動ができる
　f　面積図や数直線図にも、数字や記号の書き込みができる
◆変化と関係
　二量の関係を表す表や数直線図などの操作から決まりを見付け出す

　以下、次の実践例を紹介する。

1　逆行連鎖の原理を利用した作図指導（4年）
2　操作性を生かした平行四辺形の高さの意味理解（5年）
3　垂直線の引き方を動画で理解させる（4年）

1　逆行連鎖の原理を利用した作図指導（4年）

　逆行連鎖とは、完成形の一つ前の段階から始めて後戻りしながら、一つ
の技を習得していく方法で、行動分析で用いられている。
　コロナ禍以前の向山塾で、鈴木良幸氏の講座で学んだ。
　向山実践の跳び箱指導や水泳指導、赤鉛筆指導もすべて同じ原理である。
根本正雄氏がこれについて、いくつもの向山実践を通して「最終局面開始
の原則」とすでに主張されている。

1）作図指導での混乱

　デジタル教科書の動画やアニメーションを使ってまず説明し、次に黒板
で三角定規や分度器を実際に私が使って作図の手順を示した。
　一つ一つの手順を示す際には、子供たちに次にどんな操作をするのかを
気付かせながら進めた。
　変化のある繰り返しの原則で、ここまでに約10分以上要した。
　そして、子供たちに実際にかかせてみたところ、自力でかけた子は1人
もいないという惨憺たる有様であった。
　しかも12名中、コンパス忘れが半分もいたため、その子たちは作業が
できず、作業中の様子を見るか、自分ができることをしていた。三角定規

を使っての平行四辺形のかきかたが教科書にはあったが、混乱すると思い扱わなかった。さりとて、作図完成の子にコンパスを借りることもできない。誰も完成しないのだから。

　少人数教室に常備すればよかったが、すでに手遅れで「明日もう一度かくお勉強をします。コンパスを忘れずに」と強調した。

２）作図用ワークシートの作成

　明日、再度はじめから教えても同じことになると考え、試行錯誤の結果、作図用のワークシートを作ることにした。

　それが下記のものである。翌日それを使って進めた。

図〈５段階繰り返し作図シート　１〉

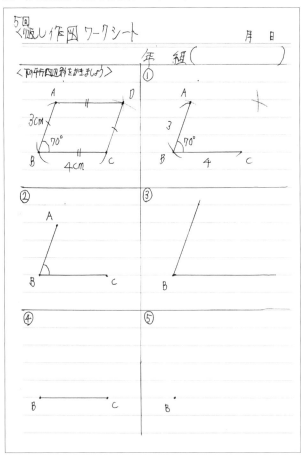

①……コンパスの交点から点A、点Cそれぞれ結ぶだけ。

②……点Aと点Cからそれぞれコンパスの線を引き、交点をつくり、あとは、①の要領で結ぶ。

③……辺BAとBCの長さを測り取り、②→①の手順を繰り返す。

④……点Bに分度器の中心を合わせ、70度を測り、角Bをつくる。あとは、③、②、①の順に操作する。

というようにして、最終局面開始の原則で作図練習を行えるようにした。

　この作業をすることで同じ平行四辺形を5回かくことになるので、かく手順を覚えていく、だろうと考えた。

　そうして、次に難易度によって配列された練習問題を3問取り組むように構成していた。

図　〈5段階繰り返し作図シート　2〉

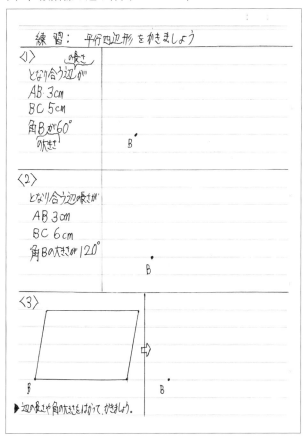

3) 作図シートと動画の組合せ

この方法で、かなりかけるようになってはきたが、まだつまずく子もいたので、その子たちには、デジタル教科書の動画も併用しながらかかせてみた。

平行四辺形の作図動画を視聴できるので、それをシートの作業に対応するようにまず視聴させ、それからかかせるようにした。

つまり①から段階ごとに動画視聴＋シートでの作図で、⑤まで進めるという具合である。

デジタルを活用することで、このような工夫ができた。

2 操作性を生かした平行四辺形の高さの意味理解（5年）

高さを図形内にとれない場合の、高さの位置発見の問題である。

前時では、平行四辺形の中に高さの直線が引ける形を扱い、でっぱり部分を切り取って、反対側に移動し、長方形の形にすればよいことを学習していた。

本時で説明者は、その既習の考えを利用していた。高さが形の中に引けない場合は、対角線を1本引き、切り取り、それを反対側に移せば、昨日勉強した形と同じようになる、と説明した（画像左）。

切り取って移動すると、画面のような平行四辺形ができるので、この中に高さを見出せる。

そして、その後、底辺の延長上から垂線を伸ばしても高さになることを理解していった。

この授業では、横に長い平行四辺形を半分に切ってそれを移動できるという操作を通して、子供たちの高さの概念理解を促している。

　なお、画像でも分かるように説明者を座席の子供たちが見える位置に立たせる。そのためには、画面から離れて外側に立たせ、さらに使用する指示棒は長めのものを準備しておくほうがよい。

3　垂直線の引き方を動画で理解させる（4年）
1）変化のある繰り返しの指導
　2枚の三角定規を使って、垂直な2本の直線を引く学習である。
　子供たちに個別に引かせる前に、次のようにシュミレーションをする。
① 　黒板に私が2枚の三角定規を使い、教科書と同じ手順で示した。
② 　次にデジタル教科書の動画を3回見せた。
　1回目は右利き用、2回目左利き、3回目30cmの物差しを使った場合。さらに教科書の写真と同じ、5段階の分解写真での提示。
　これで、都合5回の事前指導を行った。

　それから教科書問題をする前に、動画の説明と同じ、点Aを通り、直線㋐に垂直な直線を引く練習をした。
　まず、ノート1頁の中央縦に直線㋐、次に、直線㋐から少し離れた右のほうに、任意の点Aを打たせた。
　そして、2枚の三角定規が垂直になるよう置かせた。そのままにして全員確認する。合格。
　次に、右側の定規を点Aに向かって直線㋐に沿ってスライド（下から上に）させた。まず私が示範した。その後、各自に点Aまでスライドさせ、Aのところでストップさせた。私が12名点検、合格と言われたら、Aを通る直線を引いてよいことを告げた。それも次々に全員合格した。
　そこで、先生問題として、点Aの上下の方向に、点BとCを任意に打たせた。そこを通る垂直線を引かせると直線㋐と点Aの垂直線の交点からBC方向に直線を引く子がいた。つまり上下斜めの直線を引いていた。
　「こうすると間違いです」という方法を、はっきりと示すべきだった。
　その時、私は次の図で説明していた。
　直線㋐に対する点Aを通る垂直線を引く前に、私は、点Aの部分を通る線を3本米印のように引いた。
　垂直線は、この3本のうちどの線になるか尋ねると、「横になっている線」だという。斜めになっている2本は違うと答える。私は、これでばっ

ちりだと錯覚した。

　しかし、このとき点Ａの周囲にしか線を引いていなかった。直線⑦から間違った斜めの2本の直線は引いていなかったのである。

　点Ａから⑦の直線まで上と下に斜線を引いておき、三角定規の直角の部分を合わせ、直角に交わらないから垂直線ではない、と確認す

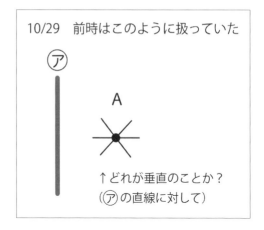

べきであった。そこで、次の時間に再度この部分に挑戦した。

2）垂直線の引き方のおさらい（間違いの確認）

　垂直線を引くためにしてはいけないことを扱った。

　垂直線を引くためには、⑦の直線部分に三角定規の直角部分を合わせることが最も重要である。

　そこで、直線⑦に三角定規を合わせるときに45度の角や60度と30度の角を合わせてはいけないこと。三角定規を黒板にそのように合わせて、直線を引くと（直角に交わる）垂直線にならないことを示した。

　そして、三角定規の直角部分を合わせると、点Ａを通る直線が引けることを見せた。

　そのあと、補充プリントで、向きの異なる3本の直線で垂直線を引かせる練習をしたが、3名が少しずれていただけで、その他9名の子は合格であった。

　また前時の教科書問題で垂直線が引けなかった3人は、このときは引けるようになった。

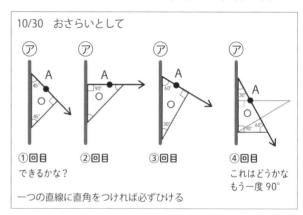

4　デジタル教科書レポート IN 2016年

　算数少人数教室の担当になり、デジタル教科書を使用してきた2学期末に、デジタル教科書の使い勝手をレポートした。

1)　活用のポイント

　　①　学年に共通すること

1　教科書の頁内容を分節ごとに提示できる

2　提示された部分を拡大できる

3　練習問題の□内をクリックすると答えが示される

4　ペンで書き込みができる

5　文章問題の文章を複文→単文に変換できる

6　教科書内容を動画や画像、図解などで理解を促す

7　三角定規、分度器、コンパスなど補助操作ツールを使える

8　付箋機能で、頁内を部分的に隠す、はがすができる

9　編集機能で教科書の必要な部分を切り取り、貼り付けができる

　　②　学年教材のよさ

　冒頭でもいくつか紹介したが、そのほかのものを挙げてみる。

1　九九やわり算のフラッシュカードで反復習熟を図る

2　数直線の目盛りの拡大、移動ができる

3　単元導入問題の数値の入れ替えができる

4　文章題を分解して、数直線に対応させながら提示する

5　積み木を敷き詰め・重ねる等、体積のアニメーションがある

2)　問題点

　デジタルのよさは豊富であったが、次の問題に気付いた。

a　二つの操作の連続不可。拡大した答えの枠内に答えの表示ができない

b　画面、黒板、机上の教科書・ノートへの視線の移動が負担になる

c　無線LANは不具合が起き、フリーズしやすい

　本レポートは5年前のまとめであるが、現在は相当改善されている。機器の画面も大きく、より鮮明で見やすくなった。

　1人1台の端末導入とともに、教師のICT活用能力がますます要求されてくる。

あとがき

1

　これまでに算数少人数教室で担当者のT1としての立場、個別指導を中心に行うT2の立場、両方を経験しました。

　少人数教室での一番の収穫は、どんな子でも必ず変容していく、という事実に気付かされたことでした。もちろん時間はかかり、遅々として進まないことも多いのですが、わずかでも子供が変容する姿を目の当たりにできることは私にとっても大きな励みとなりました。

　同時に、子供たちと関わる中で多くの知見を学びとることができました。それらの事実を「学力向上推進Tメモ」として、少しずつまとめていきました。その蓄積がたまたま樋口雅子編集長の目に留まり「これからの教育課題の一つとしてまとめてみては」という身に余るお話をいただいのが、本書誕生のきっかけです。

2

　T1とT2、それぞれ役割は異なりますが、私が共通してずっともち続けた問題意識が「個別指導の在り方」でした。

　このテーマについて深く学んでいきたいと考えるようになり、とくに向山実践と安彦氏の個別指導論を再度学び直しました。両氏の実践研究とも照らし合わせていくことで、自らの実践の大切な部分が見えてきたように感じました。

　子供の学力向上を目指した本書は、次の内容で構成されています。

　まず、少人数学級ではなく、少人数教室とは何かの概要を述べました。

　次に、少人数教室の実践で、効果をもたらした顕著な例として「取り出し指導」の内容と効果についてまとめました。

　さらに、少人数教室に参加した子供たちの感想を集約し、少人数教室の在り方を探ってみました。

　そして、少人数教室で必要と思われる指導スキルで実際に役立った内容を10の視点から解説しています。

> 　一斉授業の組み立て、カルテや座席表の活用、略式指導案の作成、個別指導、机間巡視、ノートチェック、ほめ言葉に替わるもの、教科書問題の再テスト、計算スキルの選び方、担任との連携や教室掲示。

　最後にテストの結果が良くない要因の検討、またこれからのICT教育に欠かせないデジタル教科書活用についても触れました。

3

　一斉指導では、わり算の筆算で仮商をどこに立てるかを指導します。けれども、少人数教室の子供たちには、それだけでは不十分でした。机間指導をする中で、仮商の位置をどこにするか迷っている子に助言すると、「あ、そうか」と声を発し、ちょっぴり自信を付けてくれます。こうした体験を、子供と共に少しずつでも積み重ねることができる少人数教室の存在が、私にとって生き甲斐のひとつになっています。

　私の恩師向山洋一先生は、退職前の5年間を算数TTとして尽力されました。それまでは捉えきれていなかった子供たちの学力の様相の一面に気付き、算数が苦手な子供たちの事実を次々に作り変えていき、その実践群が「向山型算数」として結実していったのです。

　また、勤務校の初代校長（大正5年）牧口常三郎先生が、日常の実践や研究を教育学の体系にまでまとめあげたのは、子供の幸福を第一義に考えていたからだと言われています。

　本書を読まれた先生方が、お二人の先達と共通するような事実を数多くつくり出し、子供たちと喜びを共有されることを願っています。

　最後になりましたが、本書執筆の機会を与えてくださり、いくつもの貴重なご示唆をいただいた樋口雅子編集長、私の手書き原稿などを見違えるほどの図版に仕上げてくださった大庭もり枝様、折々に励ましの言葉をいただきました恩師、向山洋一先生に、あらためて感謝申し上げます。

　ありがとうございました。

　　令和3年4月6日　台東区立大正小学校入学式の日にて

　　　　　　　　　　　　　　　　　　　　　　　板倉弘幸

○著者紹介

板倉 弘幸（いたくら　ひろゆき）

1953年生まれ
1977年　港区立伊豆健康学園・桜川小勤務
1984年　大田区立蒲田小・雪谷小
1996年　台東区立根岸小・大正小
現在、台東区立大正小学校：学力向上推進Ｔ
法則化サークル浅草・代表、日本教育技術学会会員

単著
『算数科発問づくり上達法』
『算数の分数・小数がミルミルわかる本』
『小学校のちょいムズ算数を良問60で完全攻略』ほか
編著
『参加型板書で集団思考を深める３算数科編』
『黄金の三日間―算数の授業びらき』ほか

算数少人数教室
実践者必携ハンドブック
―学力回復&向上の指導スキル10か条―

GAKUGEI
MIRAISHA

2021年6月15日　初版発行

著　者　板倉弘幸
発行者　小島直人
発行所　株式会社 学芸みらい社
　　　　〒162-0833 東京都新宿区箪笥町31 箪笥町SKビル
　　　　電話番号 03-5227-1266
　　　　http://www.gakugeimirai.jp/
　　　　e-mail：info@gakugeimirai.jp
印刷所・製本所　藤原印刷株式会社
企　画　樋口雅子
校　正　菅 洋子
装　丁　小沼孝至
本文組版　星島正明

教室熱中! めっちゃ楽しい
算数難問
1問選択システム

うーん、難しい。 出来そう! 出来た!

動画のマスコット「ライオンくん」(作:山戸 麦)

●木村重夫=責任編集
☆B5版・136頁平均・本体2,300円 (税別)

デジタル時代に対応! よくわかる動画で解説

　各ページに印刷されているQRコードからYouTubeの動画にすぐにアクセスできます。問題を解くポイントを音声で解説しながら、わかりやすい動画で解説します。授業される先生にとって「教え方の参考」になること請け合いです。教室で動画を映せば子どもたち向けのよくわかる解説になります。在宅学習でもきっと役立つことでしょう。

教科書よりちょっぴり難しい「ちょいムズ問題」

　すでに学習した内容から、教科書と同じまたはちょっぴり難しいレベルの問題をズラーッと集めました。教科書の総復習としても使えます。20問の中から5問コース・10問コース・全問コースなどと自分のペースで好きな問題を選んで解きます。1問1問は比較的簡単ですが、それがたくさん並んでいるから集中します。

子ども熱中の難問を満載!

　本シリーズは、子どもが熱中する難問を満載した「誰でもできる難問の授業システム事典」です。みなさんは子どもが熱中する難問の授業をされたことがありますか? 算数教科書だけで子ども熱中の授業を作ることは高度な腕を必要とします。しかし、選び抜かれた難問を与えて、システムとして授業すれば、誰でも子ども熱中を体感できます。

これが「子どもが熱中する」ということなんだ!

　初めて体験する盛り上がりです。時間が来たので終わろうとしても「先生まだやりたい!」という子たち。正答を教えようとしたら「教えないで! 自分で解きたい!」と叫ぶ子たち。今まで経験したことがなかった「手応え」を感じることでしょう。

授業の腕が上がる新法則シリーズ　全13巻

監修：谷 和樹（玉川大学教職大学院教授）

新指導要領対応！

新教科書による「新しい学び」時代、幕開け！
2020年度からの授業スタイルを「見える化」誌面で発信！

4大特徴

| 基礎単元＋新単元をカバー | 授業アイデア＆スキル大集合 |
| 授業イメージ、一目で早わかり | 新時代のデジタル認識力を鍛える |

◆「国語」授業の腕が上がる新法則
村野 聡・長谷川博之・雨宮 久・田丸義明 編
978-4-909783-30-1 C3037　本体1700円（＋税）

◆「算数」授業の腕が上がる新法則
木村重夫・林 健広・戸村隆之 編
978-4-909783-31-8 C3037　本体1700円（＋税）

◆「生活科」授業の腕が上がる新法則※
勇 和代・原田朋哉 編
978-4-909783-41-7 C3037　本体2500円（＋税）

◆「図画工作」授業の腕が上がる新法則
1〜3年生編※
酒井臣吾・谷岡聡美 編
978-4-909783-35-6 C3037　本体2400円（＋税）

◆「家庭科」授業の腕が上がる新法則
白石和子・川津知佳子 編
978-4-909783-40-0 C3037　本体1700円（＋税）

◆「道徳」授業の腕が上がる新法則
1〜3年生編
河田孝文・堀田和秀 編
978-4-909783-38-7 C3037　本体1700円（＋税）

◆「プログラミング」授業の腕が上がる新法則
許 鍾萬 編
978-4-909783-42-4 C3037　本体1700円（＋税）

◆「社会」授業の腕が上がる新法則
川原雅樹・桜木泰自 編
978-4-909783-32-5 C3037　本体1700円（＋税）

◆「理科」授業の腕が上がる新法則※
小森栄治・千葉雄二・吉原尚寛 編
978-4-909783-33-2 C3037　本体2400円（＋税）

◆「音楽」授業の腕が上がる新法則
関根朋子・中越正美 編
978-4-909783-34-9 C3037　本体1700円（＋税）

◆「図画工作」授業の腕が上がる新法則
4〜6年生編※
酒井臣吾・上木信弘 編
978-4-909783-36-3 C3037　本体2400円（＋税）

◆「体育」授業の腕が上がる新法則
村田正樹・桑原和彦 編
978-4-909783-37-0 C3037　本体1700円（＋税）

◆「道徳」授業の腕が上がる新法則
4〜6年生編
河田孝文・堀田和秀 編
978-4-909783-39-4 C3037　本体1700円（＋税）

各巻A5判並製
※印はオールカラー

激動する社会の変化に対応する教育へのパラダイムシフト ── 谷 和樹

　PBIS（ポジティブな行動介入と支援）というシステムを取り入れているアメリカの学校では「本人の選択」という考え方が浸透しています。その時の子ども本人の心や体の状態によって、できることは違います。それを確認し、あくまでも本人にその時の行動を選ばせるという方法です。これと教科の指導とを同じに考えることはできないかも知れません。しかし、「本人の選択」を可能にする学習サービスが世界的に広がり、続けられていることもまた事実です。

　また、写真、動画、Webページなど、全教科のあらゆる知識をデジタルメディアで読む機会の方が多くなっているのが今の社会です。そうした「デジタル読解力」について、今の学校のカリキュラムは十分に対応しているとは言えません。

　子どもたち「本人の選択」を保障する考え方、そして幅広い「デジタル読解力」を必須とする考え方を公教育の中で真剣に考える時代が到来しつつあります。

　本書ではこうしたニーズにできるだけ答えたいと思いました。

　本書の読者のみなさんの中から、そうした問題意識をもち、一緒に研究を進めていただける方がたくさん出てくださることを心から願っています。